기초독일어

| 저자약력

최문선

· 서강대학교 독어독문학과 학사
· 서강대학교 독어독문학과 석사
· 독일 프랑크푸르트 대학교 박사
· 현 충남대학교 독어독문학과 교수

1판 1쇄 2016년 2월 29일
1판 6쇄 2025년 3월 4일
발행인 김정겸 지은이 최문선 그림 길인아
원어민 감수 Dr. Christoph Seifener 원어민 녹음 Dr. Christoph Seifener · Sera Karakütük
펴낸곳 충남대학교출판문화원 주소 대전광역시 유성구 대학로 99
전화 042-821-6045 홈페이지 www.cnupress.co.kr E-mail cnupress@cnu.ac.kr

ISBN 978-89-7599-569-9 03750
정가 15,000원

DEUTSCH

| 개정판 |

기초독일어

최문선

충남대학교출판문화원

머리말

이 책은 충남대학교 교양과목 〈기초독일어〉의 교재로, 처음 독일어를 배우는 사람들을 대상으로 만들어졌다. 책의 내용은 대학생들이 일상생활에서 겪을 수 있는 다양한 상황에서 의사소통 능력을 향상시키는데 중점을 두었다.

대화식으로 이루어진 각 과의 본문은 재미있는 이야기로 책 전체에 걸쳐 이어지게 구성하고, 문법은 본문에 나오는 주요 문법 사항을 설명하고, 연습문제는 각 과에서 배운 내용을 반복해서 익힐 수 있도록 하였다. 이 외에도 독일, 독일어, 독일문화와 사회에 대한 일반적이면서도 흥미로운 정보나 지식을 담아, 이 책일 통해 사람들이 독일과 독일어를 조금 더 이해할 수 있도록 했다.

이번 개정판이 나오기까지 여러 가지로 도움을 주신 충남대학교 독어독문학과 교수님들, 충남대학교출판문화원 그리고 감수를 맡은 Christoph Seifener 에게 깊은 감사를 드린다.

이 책이 처음 독일어를 배우고자 하는 사람들에게 도움이 되기를 바라며

2016년 2월 1일

최문선

이 책은 총 15과로, 알파벳과 발음을 설명한 1과를 제외한 모든 과가 〈 Dialog - Grammatik - Info - Übungen - 독일 문화〉 순서로 구성되어 있다.

각 과의 구성

Dialog - 대화식 본문으로 한나, 다니엘, 미나를 중심으로 이야기가 전개된다.

Grammatik - 본문의 내용을 이해할 수 있도록 주요 문법 사항을 설명한다.

Info - 독일어나 독일에 대한 흥미로운 정보를 알려준다.

Übungen - 해당 과에서 학습한 내용을 반복해서 연습한다.

독일 문화 - 독일 사회나 일상적인 문화에 대한 전반적인 내용을 담고 있다.

부록

불규칙 동사변화표 - 불규칙 동사의 현재인칭 변화와 과거형과 완료형 정리

모범답안 - 각 과의 연습문제에 대한 모범답안 제시

단어 정리 - 이 책에 나온 단어들의 뜻과 품사를 알파벳 순서로 정리

INHALT

Germany

Lektion 01

Alphabet

Das deutsche Alphabet

A B C D E F G
H I J K L M N
O P Q R S T U
V W X Y Z
Ä Ö Ü ß

>>> 독일어 알파벳

글자		발음
A	a	[a:]
B	b	[be:]
C	c	[tse:]
D	d	[de:]
E	e	[e:]
F	f	[ɛf]
G	g	[ge:]
H	h	[ha:]
I	i	[i:]
J	j	[jɔt]
K	k	[ka:]
L	l	[ɛl]
M	m	[ɛm]
N	n	[ɛn]
O	o	[o:]

글자		발음
P	p	[pe:]
Q	q	[ku:]
R	r	[ɛr]
S	s	[ɛs]
T	t	[te:]
U	u	[u:]
V	v	[faʊ]
W	w	[ve:]
X	x	[iks] Ix
Y	y	['ʏpsilɔn]
Z	z	[t͡sɛt]
Ä	ä	[ɛ:]
Ö	ö	[ø:]
Ü	ü	[y:]
ß		[ɛs't͡sɛt]

독일어 발음 (Die deutsche Aussprache)

1 모음 (Vokale)

⊙ 단모음 : a, e, i, o, u

alles, essen, ideal, original, und

⊙ 변모음 : ä, ö, ü

Bär, Köln, Düsseldorf, Nürnberg

⊙ 중모음 : aa, ee, oo

Paar, Haar, Tee, Meer, Boot, Zoo

⊙ 이중모음 : au, ai, ay, ei, ey, eu, äu, ie

au[au] : Augsburg, Frau, Auto
ai, ay, ei, ey[ai] : Mainz, Bayer, Heidi, Meyer
eu, äu[ɔy] : Deutschland, Europa, Häuser, träumen
ie[i:] : Liebe, sieben, Sie
ie[iə] : Asien, Familie, Ferien

⊙ 모음 + h

Bahn, Reh, ihr, Ohr, Uhr

2 자음 (Konsonanten)

⊙ 단어의 앞에 오느냐 뒤에 오느냐에 따라 달리 발음되는 자음들

b	[b] Bank, Baum, Bruder [p] gelb, halb, lieb

d	[d] Deutsch, Danke, Doktor
	[t] Dortmund, Hand, Kind
g	[g] Gott, Garten, Geburtstag
	[k] Hamburg, Augsburg, Flugzeug
-ig	[ç] ledig, billig, Honig
s	[s] Maus, Haus, Eis

s (+모음)	[z] Sonne, Sommer, Siemens
sp	[sp] Wespe, Respekt, Aspirin
	[ʃp] Spiel, Spaghetti, Spaß
st	[st] Fest, Ost, West
	[ʃt] Student, Straße, Stein

⊙ 유의할 자음 발음

ch	[ç] China, Chemie, echt
	[x] Bach, Buch, auch
	[k] Christ, Chaos, Charakter
	[ʃ] Chef, Chance, Chanson
chs	[ks] sechs, Fuchs, Erwachsene
j	[j] ja, Jesus, ojemine
ng	[ŋ] Finger, singen, Wohnung
pf	[pf] Apfel, Kopf, Pferd
ph	[f] Photo, Philosophie, Physik
qu	[kv] Quelle, Qualität, Quittung
sch	[ʃ] Schalke, Schule, schlafen
ss, ß	[s] essen, Fußball, groß
th	[t] Thema, These, Theater
ts, tz, z	[ts] nichts, Katze, Zimmer
v	[f] Vater, Volk, Vogel
	[v] Klavier, Universität, Violine
w	[v] Wagen, Schwester, Wasser

>>> 발음해 보세요.

⊙ 사람이름 Eigennamen

Angela Merkel, Albert Einstein, Johann Wolfgang Goethe,
Joachim Löw, Johann Sebastian Bach, Immanuel Kant

⊙ 도시이름 Städte

Berlin, Frankfurt, Dortmund, München, Bonn,
Hamburg, Mainz, Leipzig, Stuttgart, Dresden, Köln

⊙ 독일기업/ 상표 Deutsche Unternehmen/Marken

Mercedes, Audi, Porsche, Siemens, Bayer, Nivea, Rowenta, Fissler, BMW,
Krombacher, Bosch, Allianz, Lufthansa, Persil, Volkswagen, Zwilling

⊙ 우리에게 친숙한 독일어 Deutsche Wörter in Korea

Arbeit, Aspirin, Diesel, Allergie, Batterie,
Thema, Hof, Biergarten, Autobahn, Kindergarten
Lotte, Sechs Kies, Kunst, Guckkasten

>>> 다음을 독일어 알파벳으로 읽어 봅시다.

>>> 독일어 키보드에서 Umlaute와 ß 자리는 어디?

ä, ö, ü, ß

^	1	2	3	4	5	6	7	8	9	0	ß	´	Rück
Tab	Q	W	E	R	T	Z	U	I	O	P	Ü	+	#
Feststell	A	S	D	F	G	H	J	K	L	Ö	Ä	Eingabe	
Umsch	Y	X	C	V	B	N	M	,	.	-	Umsch		

>>> 〈Konkrete Poesie〉 구체시

⦿ Apfel (Reinhard Döhl, 1965)

```
ordnung   ordnung
ordnung   ordnung
ordnung   ordnung
ordnung   ordnung
ordnung   ordnung
ordnung unordn  g
ordnung   ordnung
ordnung   ordnung
ordnung   ordnung
ordnung   ordnung
ordnung   ordnung
```

독일과 독일어
Deutschland und die deutsche Sprache

독일은 유럽의 중앙에 위치하고 9개의 나라와 국경을 맞대고 있다.

독일의 이웃나라들 Nachbarländer

- 덴마크 (Dänemark)
- 네덜란드 (Niederlande)
- 벨기에 (Belgien)
- 룩셈부르크 (Luxemburg)
- 프랑스 (Frankreich)
- 스위스 (Schweiz)
- 오스트리아 (Österreich)
- 체코 (Tschechien)
- 폴란드 (Polen)

▶ 독일어 Deutsch

독일어는 독일, 오스트리아, 리히텐슈타인을 비롯하여 스위스, 룩셈부르크, 벨기에의 독일어권 지역과 이탈리아의 볼차노 (Südtirol)현에서 모국어로 사용된다. 독일어 사용 인구는 약 1억으로 유럽 연합에서 가장 많은 사람들이 모국어로 사용하고 있다.

▶ 독일 연방 공화국 Bundesrepublik Deutschland

독일의 정식 명칭은 독일 연방 공화국으로 독일은 16개의 연방주로 이루어져 있다.

연방주 Bundeslander	한 도시 자체가 하나의 주인 도시 Stadtstaaten
1. Bayern 2. Baden-Württemberg 3. Saarland 4. Rheinland-Pfalz 5. Hessen 6. Nordrhein Westfalen 7. Niedersachsen 8. Schleswig-Holstein 9. Mecklenburg-Vorpommern 10. Brandenburg 11. Sachsen 12. Sachsen-Anhalt 13. Thüringen	14. Berlin 15. Bremen 16. Hamburg

Lektion 02

Guten Tag!

Hallo, ich heiße Daniel.
Ich bin Student.
Ich komme aus Deutschland.

Guten Tag, ich heiße Hannah.
Ich bin Studentin.
Ich studiere Germanistik.
Ich komme aus Busan, aber ich wohne jetzt in Daejeon.

>>> 다양한 인사말

Guten Morgen!
Guten Tag!
Guten Abend!
Gute Nacht!
Tschüss/ Tschüs
Auf Wiedersehen!
Ciao!

>>> 고마움

Danke!
Vielen Dank! ⇨ Bitte! Bitte schön!
Danke schön!

>>> 사과

Verzeihung! = Verzeihen Sie!
Entschuldigung! = Entschuldigen Sie! ⇨ Kein Problem!
Pardon!

>>> 안부

Wie geht's (geht es)?

Dankc, gut.
Danke, es geht (= so la la)
Nicht so gut.

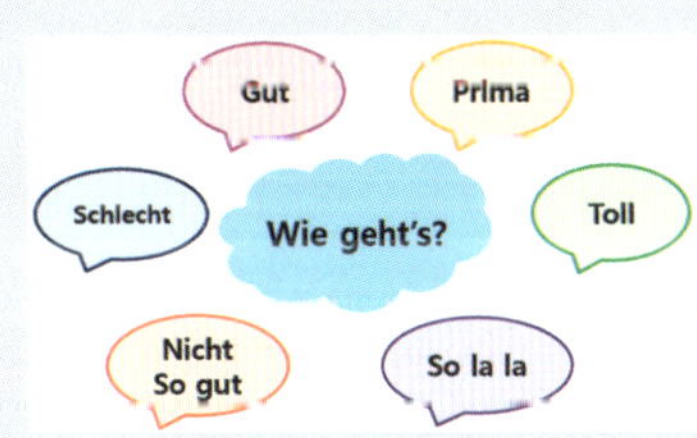

>>> 놀라움, 안타까움 등의 감정 표현

Mein Gott! Ojemine! Schade! Scheiße!

Grammatik

>>> 독일어 문장에서 대문자와 소문자

• 독일어 문장에서 명사는 대문자로 쓴다.
예) Guten Tag! Guten Morgen! Ich bin Student / in.
• 1인칭 단수 인칭대명사는 문장 맨 앞에 올 때를 제외하고는 소문자로 쓴다.
예) Und ich wohne in Daejeon.
• 독일어에서 늘 대문자로 쓰는 인칭대명사는 2인칭 존칭 Sie 이다.

>>> 인칭대명사와 동사 (현재시제)

		kommen	studieren	wohnen	heißen	sein
ich	-e	komme	studiere	wohne	heiße	bin
du	-st	kommst	studierst	wohnst	heißt	bist
er sie es	-t	kommt	studiert	wohnt	heißt	ist
wir	-en	kommen	studieren	wohnen	heißen	sind
ihr	-t	kommt	studiert	wohnt	heißt	seid
sie Sie	-en	kommen	studieren	wohnen	heißen	sind

>>> 동사의 구성 및 현재 시제의 어미 변화

• 독일어 동사는 어간과 어미로 구성되어 있다.
komm (어간) + en (어미), studier+en, wohn+en, heiß+en
• 규칙동사의 현재 인칭변화에서는 어간은 그대로 있고 어미가 변화한다.

* 영어의 be 동사에 해당하는 sein 은 불규칙동사로 변화를 외워야 한다.

>>> 독일어 문장의 순서

평서문: 주어+서술어+기타/목적어	의문문: (의문사)+서술어+주어+기타
Ich bin Student. Ich komme aus Deutschland. Ich heiße Hannah.	Bist du Studentin? Kommst du aus Deutschland? Wie heißt du?

>>> 본문의 Daniel을 3인칭으로 소개해 봅시다.

Er heißt Daniel.
Er ist Student.
Er kommt aus Deutschland.

>>> 본문의 Hannah를 3인칭으로 소개해 봅시다.

Sie heißt Hannah.
Sie ist Studentin.
Sie studiert Germanistik.
Sie kommt aus Busan, aber sie wohnt jetzt in Daejeon.

Info.

>>> Duzen / Siezen

• 독일어에서는 말하는 상대에 따라 du 또는 Sie로 구분하여 사용한다.
du가 '너'로, Sie는 '당신'으로 번역된다고 하여 우리말의 반말과 존댓말로 동등하게 볼 수 없다. 독일에서는 가족 간이나 친한 사이에서는 du라고 말하며, 서로 잘 알지 못하거나 공식적인 사이에는 Sie라고 말한다.
예) Wohnst du in Busan?
Wohnen Sie in Busan?

>>> Herr / Frau

• 아이들에게나 서로 du를 쓰는 친근한 관계에서는 이름(Vorname)으로 호칭한다.
예) Hallo, Hannah! Morgen, Daniel!

• 사적이거나 친근한 관계가 아니고 서로 Sie로 말하는 경우 성(Familienname)앞에 남자면 Herr를, 여자면 Frau를 붙여 호칭한다.
예) Guten Tag, Herr Schröder!
Morgen, Frau Meyer!

Übungen

1 다음 규칙동사들의 뜻을 알아보고 인칭별로 변화시켜 보세요.

	lernen	gehen	machen	hören	lieben	trinken
ich						
du						
er sie es						
wir						
ihr						
sie Sie						

2 알맞은 인칭대명사를 빈칸에 쓰세요.

1. Sind Sie Koreaner? Ja, ________ bin Koreaner.
2. Lernt Hannah Deutsch? Nein, ________ lernt Koreanisch.
3. Kommt ________ aus Japan? Ja, wir kommen aus Japan.
4. Wohnt Peter in Berlin? Ja, ________ wohnt in Berlin.

3 Ich oder Er?

1. _______ wohnt in Berlin.
2. _______ heißt Daniel.
3. _______ studiert Kunst.
4. _______ komme aus Japan
5. _______ wohne in München.
6. _______ kommt aus Korea.
7. _______ heißt Luis.
8. _______ ist Lehrer.

4 동사어미 -e oder -t?

1. Anna komm___ aus Deutschland.
2. Ich heiß___ Monika.
3. Er wohn___ in Salzburg.
4. Maria wohn___ in Zürich.
5. Er heiß___ Erol.
6. Ich wohn___ in Köln.
7. Wang komm___ aus China.

5 sein동사를 알맞은 형태로 써보세요.

1. Ich _________ Lehrer, und er _________ auch Lehrer.
2. _________ ihr Koreaner?
3. _________ Sie Thorsten Meißner?
4. _________ du Daniel?
5. Wir _________ Studenten.

6 다음의 독일어 질문에 대답을 써 보세요.

1. Kommen Sie aus München?

   Ja, ______________________________

2. Wohnen Sie in Busan?

   Nein, ______________________________

3. Heißen Sie Kim?

   Nein, ______________________________

4. Studierst du Germanistik?

   Ja, ______________________________

7 독일어로 자신에 대해 다음의 사항을 말해 보세요.

1. 이름 ⇨ ______________________________
2. 출신 ⇨ ______________________________
3. 전공 ⇨ ______________________________
4. 나는 독일어를 배운다. ⇨ ______________________________

독일의 도시

프랑크푸르트 Frankfurt am Main

프랑크푸르트는 우리가 유럽에 갈 때 처음 도착하거나 이동 중 지나게 되는 교통의 요지로, 역사적이나 문화적으로도 중요한 의미를 지니는 도시이다. 유럽 중앙은행이 자리한 금융 도시로 Bankfurt나 Mainhatten으로 불리기도 하고, 프랑크푸르트 도서전 Frankfurter Buchmesse을 비롯한 다양한 박람회가 1년 내내 열리는 박람회 도시이기도 하다. 또한 프랑크푸르트는 괴테가 태어난 곳으로 괴테의 생가도 있고, 대학교 이름도 요한 볼프강 괴테이다. 우리에게 잘 알려진 독일문화원의 정확한 명칭도 사실은 Goethe-Institut이다.

Zeil 거리

시내중심지에 고층빌딩을 짓는 것이 허락된 독일 내 유일한 도시

Paulskirche

1848년 3월 혁명 후 초대 의회가 열린 곳

Römerplatz

뢰머 광장

괴테 생가

Goethe-Haus

괴테대학교

Goethe-Universität

시청 **Rathaus**

1980년 프랑크푸르트 팀이 승리해 차범근도 올라가 샴페인을 터뜨렸던 곳

오페라 하우스

Alte Oper

마인축제

Mainfest

마인강가의 거리응원

Public Viewing am Main

프랑프푸르트의 명물 사과 와인

Frankfurter Spezialität Apfelwein

쉬른 미술관

Kunsthalle Schirn

Lektion 03

Wer? Wann? Wo? Was? Wie? Warum?

Wer ist das?
Woher kommt er?
Wo wohnt er jetzt?
Was macht er?
Was studiert er?
Warum ist er in Korea?
Wann kommt er nach Seoul?

Das ist Daniel.
Er kommt aus Deutschland.
Er wohnt jetzt in Daejeon.
Er ist Student.
Er studiert Jura.
Er lernt hier Koreanisch.
Er kommt morgen nach Seoul.

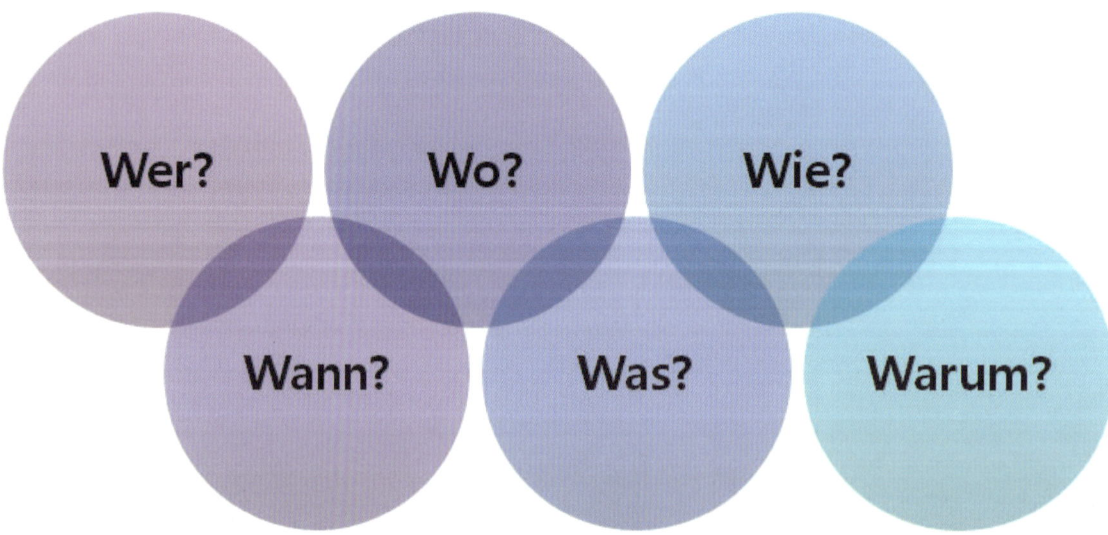

>>> 의문사 있는 의문문 문장 순서

• 의문문: 의문사+서술어+주어+기타

의문사 없는 의문문에 대한 대답은 Ja/Nein이 필요하고
의문사 있는 의문문에 대한 대답은 Ja/Nein이 필요없다.

예) Lernst du Deutsch? Ja, ich lerne Deutsch.
Was lernst du? Ich lerne Deutsch.

>>> 본문의 의문문을 사용해 한나에 대해 물어봅시다!

________________?	Das ist Hannah.
________________?	Sie kommt aus Busan.
________________?	Sie wohnt jetzt in Daejeon.
________________?	Sie ist Studentin.
________________?	Sie studiert Germanistik.

>>> 의문사를 사용하여 다양한 의문문을 만들어 봅시다!

Wer sind Sie?
Wie heißen Sie?
Woher kommen Sie?
Wo wohnen Sie?
Was machen Sie?
Warum lernen Sie Deutsch?
Wohin gehen Sie?
Wie ghet's?

Grammatik

>>> 의문대명사

wer 누가 was 무엇

>>> 의문부사

wann	언제	warum	왜	wie	어떻게
wo	어디에	wohin	어디로	woher	어디에서

>>> 인칭별 동사 어미변화를 연습하며 새로운 규칙동사들을 익혀 봅시다.

	fliegen 날다	beginnen 시작하다	bleiben 머물다	weinen 울다	denken 생각하다
ich					
du					
er sie es					
wir					
ihr					
sie Sie					

예) Wer ist das?
Was lernst du?
Wann kommen Sie?
Warum weinst du?
Wie heißt er?
Woher kommt sie?
Wohin gehen Sie?

Info.

>>> 전공 명칭

Anglistik 영어영문학	Japanologie 일문학	Koreanistik 한국학
Architektur 건축학	Psychologie 심리학	Germanistik 독어독문학
Biologie 생물학	Sinologie 중문학	Physik 물리학
Geschichte 사학	Soziologie 사회학	Pädagogik 교육학
Informatik 정보학	Theologie 신학	Sprachwissenschaft 언어학
Mathematik 수학	Chemie 화학	Betriebswirtschaftslehre (BWL) 경영학
Elektrotechnik 전자공학	Jura 법학	Volkswirtschaftslehre (VWL) 경제학
Philosophie 철학	Medizin 의학	Medienwissenschaft 신문방송학
Politik 정치학	Musik 음악	Ingenieurwissenschaft 엔지니어공학

Übungen

1 보기에서 알맞은 단어를 넣어 문장을 완성하세요. (중복 사용 가능)

wo woher was wie aus in auch

A: Ich komme __________ Polen.
  Und Sie? __________ kommen Sie?

B: __________ Schweden.
  Aber ich wohne jetzt __________ Frankfurt.
  Und Sie? __________ wohnen Sie?

A: Ich wohne __________ Düsseldorf.
  __________ machen Sie in Deutschland?

B: Ich lerne Deutsch.
  Und Sie? __________ lernen Sie?

A: Ich lerne __________ Deutsch.
  Ich heiße Kinga Adamski.
  Und Sie? __________ heißen Sie?

B: Ich heiße Gustav Wallner.

2 의문사를 넣고 알맞은 대답을 찾아보세요.

1. __________ heißt du?	a) Sie ist Lehrerin.
2. __________ kommt Julia?	b) Ich heiße Tom.
3. __________ geht's?	c) Er lernt Koreanisch.
4. __________ macht Frau Hahn?	d) Er wohnt in Regensburg.
5. __________ wohnt Herr Kim?	f) Danke, gut.
6. __________ lernt Daniel?	g) Sie kommt aus Frankfurt.

3 보기에서 알맞은 의문사를 고르세요.

Wann Warum Was Wer Wie Wo Woher Wohin

1. __________ fliegen Sie?	Ich fliege nach Deutschland.
2. __________ wohnst du?	Ich wohne in Stuttgart.
3. __________ ist er?	Er ist Markus.
4. __________ lernen Sie?	Ich lerne Spanisch.
5. __________ kommt Leon?	Er kommt aus Österreich.
6. __________ heißt sie?	Sie heißt Petra.
7. __________ beginnt der Unterricht?	Morgen beginnt der Unterricht.
8. __________ bleibt er zu Hause?	Er ist sehr krank.

독일의 도시

베를린 Berlin

베를린은 2차 세계대전이 끝나고 동베를린과 서베를린으로 분리되면서, 서독의 수도는 본으로 이전했었다. 1990년 독일의 통일 이후 베를린은 다시 통일된 독일의 수도가 되었고 인구는 약 350만 명이다. 분단시기 동안 한 도시가 동독과 서독으로 나뉘었었기 때문에 베를린에는 곳곳에 분단 시절의 흔적이 남아 있다.

구동독 지역에 위치한 베를린
Lage Berlins

베를린 중앙역
Hauptbahnhof Berlin

훔볼트 대학교
Humboldt Universität

브란덴부르크 문 **Das Brandenburger Tor**

브란덴부르크 문은 동서베를린의 경계 지점에서 동베를린 쪽에 있었고, 서베를린 쪽에서 보면 바로 이 문 앞에 베를린 장벽이 세워졌었다. 때문에 서베를린에서는 이 문을 볼 수는 있어도 갈 수는 없었기에 분단의 상징이었고, 통일 이후 다시 이 문을 통과할 수 있기 때문에 통일된 독일을 상징한다.

베를린 대성당

Berliner Dom

Berliner Bär

베를린을 상징하는 동물은 곰으로 베를린 문장에도 곰이 들어가 있고, 도시 곳곳에서 곰 동상을 만날 수 있다.

전승기념탑 **Siegessäule**

빔 벤더스(Wim Wenders) 감독의 영화 베를린 천사의 시 (Der Himmel über Berlin)로 유명하다.

카이저 빌헬름 기념교회

Kaiser Wilhelm Gedächtniskirche

최대의 번화가에 위치하지만 전쟁의 끔찍함을 잊지 않도록 2차 세계대전 때 폭격 맞은 것을 보수하지 않고 그대로 두고 있다.

구동독 박물관

DDR-Museum

Checkpoint Charlie

동서베를린 사이에 있었던 동독입국 검문소로 지금은 관광객들의 필수코스이다.

Lektion 04

Das ist meine Freundin Mina.

Dialog A

Hannah : Daniel, das ist meine Freundin Mina.
Mina, das ist Daniel.
Daniel : Hallo, Mina. Wie geht's?
Mina : Danke, gut. Woher kommst du?
Daniel : Ich komme aus München.
Mina : Ach so! Was machst du in Korea?
Daniel : Ich besuche meinen Bruder. Mein Bruder arbeitet hier in Daejeon.
Was machst du?
Mina : Ich studiere Kunst.
Aber ich lerne im Moment fleißig Deutsch. Das macht Spaß.

Dialog B

Mina : Eine neue SMS?
Daniel : Ja, meine Schwester schreibt gern SMS.
Mina : Hast du eine Schwester?
Daniel : Ja, ich habe eine Schwester.
Habt ihr Geschwister?
Hannah : Ja, ich habe einen Bruder, aber er lebt in Deutschland.
Mina : Ihr beide habt Geschwister. Leider habe ich keine Geschwister.

>>> 새로운 동사

	arbeiten 일하다	besuchen 방문하다	schreiben 쓰다	leben 살다	haben 가지다
ich	arbeite	besuche	schreibe	lebe	habe
du	arbeitest	besuchst	schreibst	lebst	hast
er sie es	arbeitet	besucht	schreibt	lebt	hat
wir	arbeiten	besuchen	schreiben	leben	haben
ihr	arbeitet	besucht	schreibt	lebt	habt
sie Sie	arbeiten	besuchen	schreiben	leben	haben

>>> 가족

>>> 정관사 (der형) vs. 부정관사 (ein형)

독일어에서 명사는 남성, 여성, 중성 이렇게 세 가지 성 중 하나의 성을 갖는다.
명사는 일반적으로 문장에서 쓰일 때 정관사나 부정관사와 함께 쓰이는데, 명사의 성과 문장 안에서 어떤 격으로 쓰이느냐에 따라 관사가 아래같이 변화한다.

	남성	여성	중성	복수		남성	여성	중성
1격 주격	der	die	das	die	1격	ein	eine	ein
2격 소유격	des	der	des	der	2격	eines	einer	eines
3격 여격	dem	der	dem	den	3격	einem	einer	einem
4격 목적격	den	die	das	die	4격	einen	eine	ein

예) Hast du Geschwister?
Ja, ich habe einen Bruder und eine Schwester.

* 명사만 따로 쓸 때는 정관사의 1격을 써 명사의 성을 표시한다.
der Student die Studentin der Freund die Freundin das Kind

* 정관사 부정관사 어미변화 연습은 6과 참조

DER? DIE? DAS?
Und wie geht das?

Grammatik

>>> 소유관사 Possessivartikel

소유관사는 영어의 소유격에 해당한다.
뒤에 오는 명사의 성과 명사가 문장에서 취하는 격에 따라 부정관사와 같은 어미변화를 한다.
Possessivpronomen 소유대명사라고도 칭한다.

ich	du	er	sie	es	wir	ihr	sie (pl.)	Sie
mein 나의	dein 너의	sein 그의	ihr 그녀의	sein 그것의	unser 우리의	euer 너희의	ihr 그들의	Ihr 당신의

ich	mein Vater	meine Mutter	meine Eltern
du	dein Vater	deine Mutter	deine Eltern
er	sein Vater	seine Mutter	seine Eltern
sie	ihr Vater	ihre Mutter	ihre Eltern
Sie	Ihr Vater	Ihre Mutter	Ihre Eltern

Meine Eltern leben in Japan.
Mein Vater ist Arzt.
Sein Vater ist auch Arzt.
Meine Mutter ist Professorin.
Ihre Schwester ist auch Professorin.

>>> 부정사 (nicht / kein-)

⇨ nicht : 동사 뒤, 부사나 형용사 앞 위치
⇨ kein-: 명사 앞에 위치 (부정관사류)
예) Er ist nicht alt.
Ich schreibe nicht gern SMS.
Ich habe keinen Bruder.

>>> 부정사 (nicht / kein-)

* 부정사가 들어 있는 의문문일 경우
긍정을 할 경우는 ja 가 아니라 doch 로 대답한다.

예) Ist die Blume schön?	Ja, sie ist schön.
	Nein, sie ist nicht schön.
Haben Sie eine Blume?	Ja, ich habe eine Blume.
	Nein, ich habe keine Blume.
Ist die Blume nicht schön?	Doch, sie ist schön.
	Nein, sie ist nicht schön.
Hast du kein Buch?	Doch, ich habe ein Buch.
	Nein, ich habe kein Buch.

>>> 불규칙동사

		fahren	schlafen	essen	sprechen	lesen	wissen
ich	-e	fahre	schlafe	esse	spreche	lese	weiß
du	-st	fährst	schläfst	isst	sprichst	liest	weißt
er sie es	-t	fährt	schläft	isst	spricht	liest	weiß
wir	-en	fahren	schlafen	essen	sprechen	lesen	wissen
ihr	-t	fahrt	schlaft	esst	sprecht	lest	wisst
sie Sie	-en	fahren	schlafen	essen	sprechen	lesen	wissen

* 2인칭과 3인칭 단수일 때 어간 모음이 a→ä, e→i, e→ie 로 바뀐다.

예) Sprichst du Englisch?
Mina isst Spaghetti.
Wie lange schläft er?
Fährt er nach Daejeon?
Was liest du? Einen Roman?
Mina hat keine Geschwister.
Er weiß es nicht.

Info.

>>> 눈의 색깔 Augenfarbe

우리나라의 경우 대부분 눈과 머리 색깔이 검거나 진한 갈색이기 때문에 이에 대해 생각해보는 경우가 없지만, 독일에서는 어떤 사람을 묘사할 때 눈의 색이 중요한 요소가 된다. 특히 눈 색깔은 독일의 신분증에도 표시된다.
Meine Augen sind grün.

Übungen

1 빈 칸에 알맞은 소유관사나 대명사를 쓰세요. (중복 사용 가능)

sein/e　　ihr/e　　er　　sie

1. Daniel wohnt in Daejeon. Er lernt Koreanisch.

   ______________ Bruder wohnt auch in Daejeon. ______ arbeitet in Daejeon.

   ______________ Schwester wohnt in Deutschland. Aber ______ kommt bald nach Korea.

2. Hannah kommt aus Busan, aber sie studiert in Daejeon.

   ______________ Schwester wohnt in Deutschland. ______ arbeitet in München.

2 다음 빈칸에 동사의 알맞은 형태를 채워보세요.

	sein	haben	wissen	fahren	essen	lesen
ich						
du						
er sie es						
wir						
ihr						
sie Sie						

3 보기에서 동사를 골라 빈칸에 알맞은 형태로 써보세요. (중복 사용 가능)

haben fahren schlafen sprechen wissen essen lesen

1. A : _________ du nach München?

   B : Ja, ich fahre nach München.

2. A: _________ du gern Pizza?

   B: Ja, ich esse sehr gern Pizza.

3. A: Was _________ du? Ein Buch oder eine Zeitung?

   B: Ich lese ein Buch.

4. A: _________ du einen Freund?

   B: Ja, ich habe einen Freund. _________ du keine Freundin?

   A: Doch, ich habe eine Freundin.

5. A: _________ du gut Deutsch?

   B: Nein, ich spreche nur ein bisschen Deutsch.

6. A: Wann kommt er nach Daejeon?

   B: Ich _________ es nicht.

7. A: Was macht er am Wochenende?

   B: Er _________

4 형제, 외국어, 좋아하는 음식 등 자신에 대해 써보세요.

1. haben/Geschwister/Bruder/Schwester

2. sprechen/Englisch/Deutsch/Französisch/Japanisch/Chinesisch

3. essen/gern

독일의 음식 Deutsches Essen

아침식사로 보통 먹는 빵 브뢰트헨 Brötchen

지역에 따라 Semmel, Schrippe, Rundstück 등 다양한 이름으로 불린다.

아침식사 식탁 Frühstückstisch

▶ 다양한 독일의 음식들

Jägerschnitzel mit Pommes Frites

Steak mit Zwiebeln und Kartoffelsalat

Fisch mit Salzkartoffeln

Jägerschnitzel mit Bratkartoffeln

Schweinshaxe mit Sauerkraut

Eisbein (gekochte Schweinshaxe)

Schnitzel mit grüner Soße und Bratkartoffeln

Zigeunerschnitzel mit Pommes Frites

Mettwurst mit Sauerkraut und Kartoffelpüree

Bratwurst mit Rotkohl und Bratkartoffeln

Bratwurst mit Sauerkraut und Leberknödel

Spaghettieis

Marmorkuchen

Baumkuchen

Bienenstich

Lektion 05

Wie ist deine Handynummer?

Dialog A

Mina	:	Hallo Daniel!
Daniel	:	Hallo Mina! Wohin gehst du?
Mina	:	Ich gehe zur Uni. Ich habe gleich ein Seminar.
Daniel	:	Hast du am Freitag Abend Zeit?
Mina	:	Ja. Warum?
Daniel	:	Hannah und ich gehen ins Kino. Hast du Lust?
Mina	:	Ja! Aber wie spät ist es jetzt?
Daniel	:	Es ist 10 vor 11.
Mina	:	Mein Gott! Mein Seminar beginnt ja um 11 Uhr. Ich komme zu spät.
Daniel	:	Wir telefonieren dann später, ok?
Mina	:	Ok. Aber wie ist deine Handynummer?
Daniel	:	010 1234 5678. Bis dann!

Dialog B

Mina : Hallo, Daniel, hier ist Mina.
Daniel : Hallo, Mina, wie geht's?
Mina : Danke gut. Geht ihr am Freitag ins Kino?
Daniel : Ja. Kommst du auch?
Mina : Ja, gerne! Wann treffen wir uns?
Daniel : Um 6 Uhr vor der Mensa, ok?
Mina : Gut. Bis Freitag!
Daniel : Tschüs, Mina!

>>> 숫자를 세어봅시다!

0	null	10	zehn	20	zwanzig	30	dreißig
1	eins	11	elf	21	einundzwanzig	40	vierzig
2	zwei	12	zwölf	22	zweiundzwanzig	50	fünfzig
3	drei	13	dreizehn	23	dreiundzwanzig	60	sechzig
4	vier	14	vierzehn	24	vierundzwanzig	70	siebzig
5	fünf	15	fünfzehn	25	fünfundzwanzig	80	achtzig
6	sechs	16	sechzehn	26	sechsundzwanzig	90	neunzig
7	sieben	17	siebzehn	27	siebenundzwanzig	100	hundert
8	acht	18	achtzehn	28	achtundzwanzig	101	hunderteins
9	neun	19	neunzehn	29	neunundzwanzig	1000	tausend

>>> 전화번호 관련 표현

- Wie ist Ihre Telefonnummer?
- Meine Telefonnummer lautet...

  042-821-5381 nullvierzwei achtzweieins fünfdreiachteins.

  - 독일에서는 전화번호나 우편번호 같은 숫자를 두 자리씩 끊어 읽기도 한다.

    02744-633825 (지역번호는 한 자리씩, 전화번호는 두 자리씩 끊어 읽을 경우)

    nullzweisiebenviervier dreiundsechzig achtunddreißig fünfundzwanzig.

- Wie ist deine Handynummer?
- Meine Handynummer ist....

  010-1234-5678 nulleinsnull einszweidreivier fünfsechssiebenacht.

  0176-20935212 nulleinssiebensechs zwanzig dreiundneunzig zweiundfünfzig zwölf.

>>> 연도 읽기

1988	neunzehnhundertachtundachtzig
1994	neunzehnhundertvierundneunzig
2001	zweitausendeins
2014	zweitausendvierzehn

Ich bin neunzehnhundertfünfundneunzig geboren.

>>> 하루 (Tageszeiten)

Morgen, Vormittag, Mittag, Nachmittag, Abend, Nacht
- am Morgen, am Vormittag, am Mittag, am Nachmittag, am Abend, in der Nacht

>>> 요일 (Wochentage)

Sonntag / Montag / Dienstag / Mittwoch / Donnerstag / Freitag
Samstag (Sonnabend)
- am Sonntag, am Montag, am Dienstag, am Mittwoch, am Donnerstag...

>>> 그제, 어제, 오늘, 내일, 모레

vorgestern - gestern - heute - morgen - übermorgen

Kalender

«August 10»

Mo	Di	Mi	Do	Fr	Sa	So
						1
2	3	4	5	6	7	8

>>> 달 (Monate)

Januar / Februar / März / April / Mai / Juni / Juli / August
September / Oktober / November / Dezember
im Januar, im Februar, im März, im April, im Mai, im Juni, im Juli ...

>>> 계절 (Jahreszeiten)

Frühling – Sommer – Herbst – Winter
- im Frühling, im Sommer, im Herbst, im Winter

Grammatik

>>> 시각 묻기

Wie spät ist es?
Wie viel Uhr ist es?
Wie viel Uhr haben wir?

>>> 시각 말하기

	공용시각	일상생활에서 쓰는 회화체
5:00	Es ist 5 Uhr.	Es ist fünf (Uhr).
5:05	Es ist 5 Uhr 5.	Es ist fünf nach fünf.
5:15	Es ist 5 Uhr 15.	Es ist Viertel nach fünf.
5:25	Es ist 5 Uhr 25.	Es ist fünf vor halb sechs.
5:30	Es ist 5 Uhr 30.	Es ist halb sechs.
5:35	Es ist 5 Uhr 35.	Es ist fünf nach halb sechs.
5:45	Es ist 5 Uhr 45.	Es ist Viertel vor sechs.
5:50	Es ist 5 Uhr 50.	Es ist zehn vor sechs.
6:00	Es ist 6 Uhr.	Es ist sechs (Uhr).

Wie spät ist es?

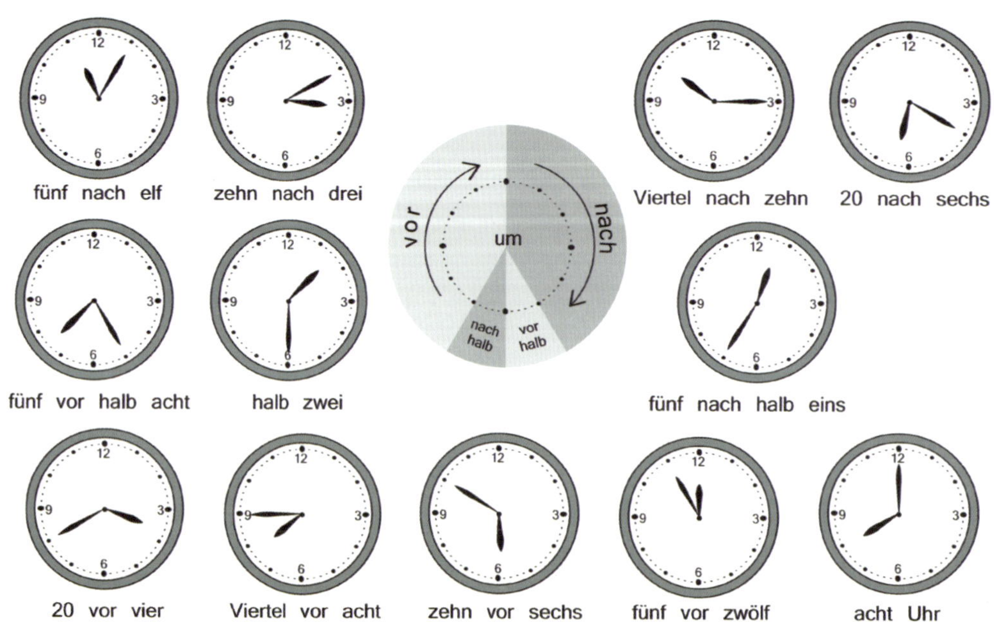

⟫ 나이 묻기

• Wie alt sind Sie?	☞ Ich bin zweiundzwanzig Jahre alt.
• Wie alt bist du?	☞ Ich bin siebzehn.
• Wie alt ist dein Vater?	☞ Mein Vater ist fünfundsechzig Jahre alt.
• Wie alt ist Mina?	☞ Sie ist zwanzig Jahre alt.

Info.

⟫ Jein

Ja 도 아니고 Nein 도 아닌 상황에서는
두 단어를 합친 Jein 이라는 말을 사용하기도 한다.

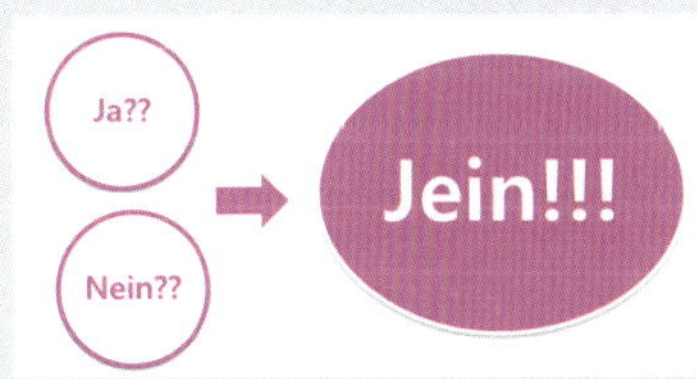

Übungen

1 숫자를 독일어로 써보세요.

1. 12 ⇨	2. 17 ⇨	3. 39 ⇨
4. 400 ⇨	5. 763 ⇨	6. 516 ⇨
7. 647 ⇨	8. 980 ⇨	9. 1001 ⇨

2 Daniel, Hannah, Mina의 나이와 이들의 가족 나이를 숫자로 써보세요.

1. Daniel ist fünfundzwanzig Jahre alt.
2. Sein Vater ist dreiundfünfzig Jahre alt.
3. Seine Mutter ist achtundvierzig Jahre alt.
4. Hannah ist zweiundzwanzig Jahre alt.

5. Hannahs Schwester ist siebenundzwanzig Jahre alt.

6. Mina ist einundzwanzig Jahre alt.

7. Minas Mutter ist neunundvierzig Jahre alt.

3 자신과 가족의 나이와 휴대폰 번호를 독일어로 써보세요.

1. Ich bin ______________ Jahre alt.
2. Ich bin ______________ geboren.
3. Mein Vater ist ______________ Jahre alt.
4. Meine Mutter ist ______________ Jahre alt.
5. Mein Bruder/Meine Schwester ist ______________ Jahre alt.
6. Meine Handynummer ist ____________________

4 요일을 독일어로 써보세요.

So__________ Mo__________ Di__________ Mi__________

Do__________ Fr__________ Sa__________

5 1월부터 12월까지를 독일어로 써보세요.

Jan__________ Feb__________ Mä__________ Ap__________

M__________ J__________ Ju__________ Au__________

Sep__________ Okt__________ Nov__________ Dez__________

6 다음 시각을 독일어로 읽어보세요.

1. 12 : 25 ________________ 2. 09 : 45 ________________

3. 07 : 10 ________________ 4. 11 : 55 ________________

5. 02 : 30 ________________ 6. 10 : 15 ________________

카레 소시지
Currywurst

독일의 대표적인 길거리 음식인 카레소시지는 지역에 따라 요리법이 다르지만 소시지를 잘라 볶은 것과 케첩을 기본으로 한 소스에 카레가루를 뿌린 것으로, 보통 감자튀김과 함께 먹는다. 이 음식이 처음 어디에서 만들었는지에 대해서는 베를린과 함부르크 사이에 논란이 있기도 하다. 이러한 문제를 전후 독일의 상황과 연결해 우베 팀은 〈카레소시지의 발견 Die Entdeckung der Currywurst〉이라는 노벨레를 쓰기도 했는데, 이 책은 영화, 연극으로 제작되었다. 독일의 유명한 가수 그뢰네마이어는 Herbert Grönemeyer 카레소시지라는 노래를 불러 사랑을 받았고 베를린에는 카레소시지 박물관도 있다.

카레소시지 Currywurst

Pommes mit Ketchup oder Mayo?

되너 Döner/Kebab

터키 음식인 되너/케밥은 독일에서 사랑받는 또 다른 길거리 음식이다.

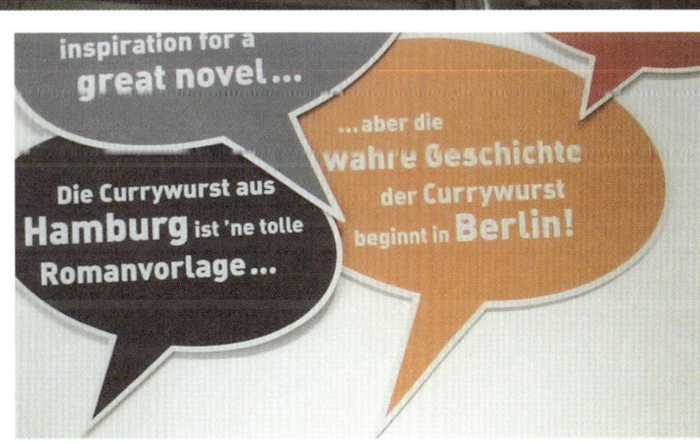

베를린의 카레소시지 박물관

Currywurst Museum in Berlin

Lektion 06

Wie geht es dir?

Daniel	:	Hallo, Mina! Hallo, Hannah! Wie geht es euch?
Mina	:	Hallo, Daniel! Es geht mir gut, danke. Und wie geht es dir?
Daniel	:	Nicht so gut. Ich bin erkältet.
Hannah	:	Echt? Gute Besserung!
Mina	:	Wir gehen aber zusammen ins Kino, oder?
Daniel	:	Nein, leider nicht. Ich huste ja ununterbrochen. Ich störe bestimmt die Leute im Kino.
Mina	:	Schade. Hast du auch Fieber?

Daniel : Nein, ich habe kein Fieber.
Hannah : Und keine Kopfschmerzen?
Daniel : Doch, ich habe ein bisschen Kopfschmerzen, aber das ist nicht so schlimm.
Mina : Ich habe eine Idee.
Wir gehen nicht ins Kino, sondern ins Tschimjilbang.
Daniel : Was ist ein Tschimjilbang?
Mina : Das ist eine koreanische Sauna.
Hannah : Das ist eine gute Idee.
Das hilft auch gegen deine Erkältung.
Daniel : Wirklich? Was kostet das?
Mina : Das kostet circa 10,000 Won.
Daniel : Das ist preiswert. Dann gehen wir!

>>> 안부 묻고 대답하기

Wie geht es Ihnen?
Danke, gut. Und Ihnen?

Wie geht es dir?
Gut, danke. Und dir?

Wie geht's?
Gut!
So la la.
Nicht so gut.

>>> 행운을 빌거나 응원하는 말

Viel Glück!
Viel Erfolg!
Ich drücke dir die Daumen!
Toi toi toi!

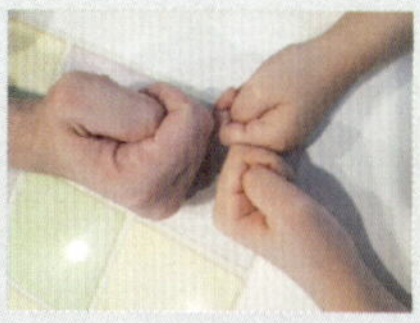

>>> 신체

>>> 아픈 거 표현하기

Ich habe eine Erkältung.
Ich bin erkältet.
Ich habe Husten.
Ich habe Schnupfen.
Ich habe Kopfschmerzen.
Mein Kopf tut weh.
Ich habe Bauchschmerzen.
Mein Bauch tut weh.
Ich habe Zahnschmerzen.
Mein Zahn tut weh.

>>> 놀라움이나 감정 표현하기

Wirklich?
Echt?
Schade!
Tut mir leid.
Natürlich!
Toll! Prima! Ausgezeichnet!

>>> 가격을 묻고 대답하기

Was (Wie viel) kostet eine Wurst?
Eine Wurst kostet 2, 50 Euro.

Was kostet der Eintritt ins Tschimjilbang?
Der Eintritt kostet 10,000 Won.

Was kostet der Tisch?
Er kostet 1.050 Euro.
Das ist aber teuer.

Grammatik

>>> 인칭대명사 격변하

1	ich	du	er	sie	es	wir	ihr	sie	Sie
2	meiner	deiner	seiner	ihrer	seiner	unser	euer	ihrer	Ihrer
3	mir	dir	ihm	ihr	ihm	uns	euch	ihnen	Ihnen
4	mich	dich	ihn	sie	es	uns	euch	sie	Sie

예) Wie geht es ihm?
Es geht ihm gut.
Ich liebe dich.
Liebst du mich?
Wann treffe ich dich?

>>> 관사 (정관사 / 부정관사)

• 정관사

	남성	여성	중성	복수
1격	der	die	das	die
2격	des	der	des	der
3격	dem	der	dem	den
4격	den	die	das	die

• 부정관사

	남성	여성	중성
1격	ein	eine	ein
2격	eines	einer	eines
3격	einem	einer	einem
4격	einen	eine	ein

예) - Dort steht ein Mann.
- Ich habe eine Tochter.
- Das ist ein Buch.
- Ich habe einen Tisch. Der Tisch ist klein.
- Ich liebe eine Frau. Die Frau ist schön.
- Ich habe ein Buch. Das Buch ist teuer.

>>> 3격 지배 동사

독일어에서 동사나 동사구는 특정한 격의 목적어를 취하고 이를 '동사의 격지배'라고 한다. 특히 우리말과 일치하지 않을 경우가 적지 않은데 이런 동사들은 정확히 알아두어야 한다.

Wie geht es + 3격?
helfen + 3격
gefallen + 3격

예) Wie geht es **deinem** Vater?
Ich helfe **dir**.
Mein Freund hilft **mir** immer.
Wie gefällt es **dir** in Daejeon?
Daejeon gefällt **mir** ganz gut.

>>> 4격 지배 동사 / 동사구

fragen (~에게 묻다): Sie fragt **mich** immer.
Es gibt + 4격 (~가 있다): Es gibt im Zimmer **einen** Spiegel.

Info.

>>> 아래 명사들 중 남성은 갈색, 여성은 초록색, 중성은 파란색으로 칠해 보세요.

Übungen

1 빈 칸에 알맞은 정관사나 부정관사를 쓰세요.

ein einen der einen eine die einen

1. A: Ich suche ____________ Übersetzer.

   B: Ja? Ich kenne ____________ Übersetzer.

   A: Wirklich? Wie heißt ____________ Übersetzer?

2. A: Morgen kommt ____________ Kollege aus Italien.

   Wir brauchen ____________ Dolmetscher.

   B: Ich kenne ____________ Dolmetscherin.

   A: Hat ____________ Dolmetscherin morgen Zeit?

2 아래와 같이 정관사와 부정사 kein의 알맞은 형태로 빈칸을 채우세요.

Kaufst du das Buch?
Nein, ich brauche kein Buch.

1. Kaufen Sie ____________ Bluse?
   Nein, ich brauche jetzt ____________ Bluse.
2. Kaufst du ____________ Fahrrad?
   Nein, ich brauche ____________ Fahrrad.
3. Kaufst du ____________ Handy?
   Nein, ich brauche ____________ Handy.
4. Kaufen Sie ____________ Kühlschrank?
   Nein, ich brauche ____________ Kühlschrank.

3 다음 보기에서 알맞은 인칭대명사를 골라 문장을 완성하세요.

ihn mir ihr mich ihnen dir sie

1. Du lebst jetzt in Daejeon. Wie gefällt es ____________ in Daejeon?
2. Mein Freund ist jetzt in Deutschland. Ich vermisse ____________ sehr.
3. Meine Großeltern sind sehr alt. Es geht ____________ nicht gut.
   Sie sind sehr krank.
4. Sie ist sehr hübsch, aber ihr Kleid steht ____________ gar nicht.
5. Thomas hat eine Freundin. Thomas fragt ____________ immer.
   "Liebst du ____________ ?"
6. Meine Eltern helfen ____________ immer.

4 nicht 또는 kein-을 넣으세요.

1. Peter ist ____________ verheiratet.
2. Haben Sie einen Bruder? Nein, ich habe ____________ Bruder.
3. Wohnen Sie hier in Daejeon? Nein, ich wohne ____________ hier, sondern in Sejong.
4. Ist das Herr Müller? Nein, das ist ____________ Herr Müller, sondern Herr Meyer.
5. Kommst du aus Japan? Nein, ich bin ____________ aus Japan.
6. Was machen Ihre Kinder? Ich habe ____________ Kinder.

5 아래 예시와 같이 가격을 묻고 대답하세요.

das Sofa / 1,100 Euro

A : Was kostet das Sofa? (= Wie viel kostet das Sofa?)

B : Das Sofa kostet 1.100 Euro. (= Es kostet 1.100 Euro.)

1. der Rucksack / 500 Euro

A : ______________________________

B : ______________________________

2. das Heft / 11 Euro

A : ______________________________

B : ______________________________

3. der Apfel / 2 Euro

A : ______________________________

B : ______________________________

4. das Fahrrad / 340 Euro

A : ______________________________

B : ______________________________

6 다음 질문에 긍정문으로 대답하세요.

1. Sind Sie kein Student/ keine Studentin?

____

2. Haben Sie keine Geschwister?

____

3. Hast du keinen Freund/ keine Freundin?

____

4. Wohnen deine Eltern nicht in Daejeon?

____

5. Hast du heute Abend keine Zeit?

____

독일의 명절

부활절 Ostern

기독교 문화에 바탕을 두고 있는 독일에서 가장 큰 가족 명절은 부활절과 성탄절이다. 부활절을 상징하는 것은 무엇보다도 다산과 탄생을 상징하는 토끼와 달걀로, 이 시기에 백화점이나 상점들은 토끼나 달걀들을 모티프로 해서 장식되고, 사람들은 토끼나 달걀 모양의 초콜렛을 선물하고 먹는다. 아이들은 부활절 토끼 Osterhase가 숨겨 놓았다는 달걀과 초콜릿들을 찾는 달걀 찾기 Ostereier suchen를 한다.

Lektion 07

Möchtest du mitkommen?

Mina	:	Hi, Daniel! Das ist ja eine Überraschung! Was machst du hier im Seminarraum?
Daniel	:	Ich besuche einen Sprachkurs. Ich lerne Koreanisch.
Mina	:	Ach was! Macht es dir Spaß?
Daniel	:	Ja, es macht mir Spaß, aber es ist auch sehr schwierig.
Mina	:	Ich verstehe. Aber warum lernst du Koreanisch?
Daniel	:	Ich möchte ein Jahr in Korea bleiben.
Mina	:	Wirklich? Das ist ja toll! Ich kann dir dann auch Koreanisch beibringen.

Daniel : Ja, du kannst mir helfen.
Übrigens, was machst du am Wochenende?

Mina : Ich weiß es noch nicht. Warum?

Daniel : Christoph und ich wollen nach Seoul fahren und den Gyeongbok-Palast besuchen. Möchtest du vielleicht mitkommen?

Mina : Ja, gerne. Ich frage auch Hannah.

Daniel : Schön. Wir telefonieren dann.

>>> 3격 지배 동사나 동사구 연습

danken (~에게 감사하다): Ich danke Ihnen/dir.
gefallen (~에게 마음에 들다): Das Haus gefällt mir.
helfen (~를 돕다): Können Sie mir helfen?
~ Spaß machen: (~에게 재미있다): Deutsch Lernen macht mir Spaß.

>>> 취미 말해보기

Was ist Ihr/dein/sein Hobby?
Mein Hobby ist Tanzen.

• Tennis	• backen
• Urlaub	• fahren
• Zug	• lernen
• Kuchen	• hören
• Musik	• gehen
• Deutsch	• machen
• ins Kino	• spielen

동사 뒤에 gern/gerne(기꺼이, 즐겁게) 라는 부사를 쓰면, 즐겨서 한다는 의미로 취미나 좋아하는 것을 이야기할 때 쓸 수 있다.

예) Was machst du gern in der Freizeit?
Ich spiele gern Tennis/Fußball.
Ich backe gern Kuchen.
Ich höre gern Musik.
Ich esse gern Pizza.

>>> 장래 희망 말해보기

Was möchtest du werden?
Ich möchte Musiker werden.

Was wollen Sie später werden?
Ich weiß nicht, aber meine Eltern wollen, dass ich Ärztin werde.

>>> 다양한 직업 (Berufe)

직업을 나타내는 명사는 일반적으로 남성형이고, 여성형은 남성명사에 -in을 붙인다.

r. Architekt/ e. Architektin
r. Arzt/ e. Ärztin
r. Flugbegleiter/ e. Flugbegleiterin
r. Journalist/ e. Journalistin
r. Lehrer/ e. Lehrerin
r. Maler/ e. Malerin
r. Musiker/ e. Musikerin
r. Politiker/ e. Politikerin
r. Professor/ e. Professorin
r. Sänger/ e. Sängerin
r. Student/ e. Studentin
r. Verkäufer/ e. Verkäuferin

Grammatik

>>> 화법조동사

	*möchten	können	müssen	wollen	sollen	mögen	dürfen
ich	möchte	kann	muss	will	soll	mag	darf
du	möchtest	kannst	musst	willst	sollst	magst	darfst
er sie es	möchte	kann	muss	will	soll	mag	darf
wir	möchten	können	müssen	wollen	sollen	mögen	dürfen
ihr	möchtet	könnt	müsst	wollt	sollt	mögt	dürft
sie Sie	möchten	können	müssen	wollen	sollen	mögen	dürfen

* möchte은 mögen의 접속법 형태로 〈~하고 싶다〉는 바람을 나타내는 뜻이다. 원래는 화법조동사에 포함되지 않지만 쓰임새나 변화 형태는 화법조동사와 동일하다.

>>> 화법조동사가 들어간 문장 순서

평서문: 주어+화법조동사 .... 본동사 (원형)
의문문: (의문사)+화법조동사+주어 .... 본동사 (원형)

• möchten: …하고 싶다 (소망)
Ich möchte Tennisspieler werden.
Ich möchte Salat essen.

• können: …할 수 있다 (능력) / ...일 수 있다 (가능성)
Mein Vater kann gut Fußball spielen.
Er kann morgen kommen.

• müssen: …해야 한다 (의무) / ...임에 틀림없다 (확신)
Er muss um 6 Uhr aufstehen.
Sie muss 30 Jahre alt sein.

• dürfen: …해도 괜찮다 (허가) / ...해서는 안 된다 (금지)
Darf ich das Fenster öffnen?
Hier darf man nicht parken.

• wollen: …하고자 한다 (의지) / ...라고 한다 (주장)
Er will das Buch kaufen.
Er will den Mann gesehen haben.

- sollen: …해야 마땅하다 (당위)
  Du sollst sofort nach Hause kommen.

  ...라고 한다 (소문)
  Sie soll 30 Jahre alt sein.

- mögen: …을 좋아하다 (기호)
  Ich mag Fisch.

  ...일 수 있다 (추측)
  Du magst Recht haben.

>>> dürfen .... nicht / müssen .... nicht

영어의 must not 과 müssen nicht가 유사해서 헷갈릴 수 있는데 독일어에서 금지를 나타내는 표현은 dürfen ..... nicht이다.
müssen .... nicht 는 '~할 필요가 없다'는 의미로 영어의 don't have to에 해당한다.

예) Am Samstag muss ich nicht arbeiten.
토요일에 난 일할 필요가 없다.
Am Samstag darf ich nicht arbeiten.
토요일에 난 일해서는 안된다.

>>> man

man은 특정인이 아닌 일반적인 사람을 나타내며, 1격 주격으로만 사용되고 3인칭 단수 취급한다.

예) Hier darf man nicht rauchen.
In Deutschland spricht man Deutsch.

Info.

>>> 화법조동사를 이용한 유용한 표현

빈 자리인지 확인할 때:
Darf ich? (Darf ich hier sitzen? Ist der Platz frei?)

화장실에 가고 싶을 때:
Ich muss mal...

>>> 화장실 안내 표지판

Dort kann man-
wenn man muß!

Übungen

1 취미와 직업명을 연결해 보세요.

1. Klavier spielen	• Fußballspieler
2. malen	• Maler
3. Fußball spielen	• Sänger
4. kochen	• Tänzer
5. singen	• Klavierspieler
6. tanzen	• Koch

2 다음 화법조동사의 알맞은 형태를 써서 문장을 완성하세요.

1. möchte

1) Ich __________ mitkommen.

2) __________ du Koreanisch lernen?

3) Daniel __________ ein Jahr in Korea bleiben.

4) Daniel und Mina __________ nach Seoul fahren.

2. können

1) Ich __________ am Wochenende nicht mitkommen.

2) __________ du Deutsch sprechen?

3) Meine Mutter __________ nicht Deutsch sprechen.

4) __________ Sie mir helfen?

5) Mina und Hannah __________ am Samstag nicht lernen.

3. müssen

1) Heute __________ ich nicht zur Uni gehen. Ich habe heute keine Seminare.

2) Warum kannst du nicht mitkommen? Was __________ du heute machen?

3) Am Freitag __________ er nicht arbeiten. Trotzdem arbeitet er.

4) __________ wir noch warten?

4. wollen

1) Ich __________ jetzt nach Hause fahren.

2) Was __________ du später werden?

3) Meine Mutter __________ wieder arbeiten.

4) __________ wir am Wochenende einen Ausflug machen?

3 알맞은 화법조동사를 문맥에 맞게 넣어보세요.

1. Meine Mutter __________ gut Deutsch sprechen.
2. __________ ich hier parken?
3. Ich __________ Tee trinken.
4. Hier __________ man nicht rauchen.
5. Ich __________ gleich zum Arzt gehen.
6. Ich __________ nach Deutschland reisen.
7. Du __________ die Tabletten dreimal pro Tag nehmen.

4 표지판에 맞게 화법조동사를 쓰세요.

1. Hier __________ man nicht rauchen.

2. Hier __________ man telefonieren.

3. Hier __________ man stoppen.

4. Handys __________ man hier ausschalten.

5. Hier __________ nur Rollstühle stehen.

독일의 명절

크리스마스 Weihnachten

가장 큰 가족명절로 독일 사람들을 제대로 알기 위해서는 독일 사람들과 크리스마스를 함께 보내야 한다고 할 정도로 크리스마스는 독일인들에게 특별한 명절이다. 지역마다 다르지만 전통적으로 독일에서는 크리스트킨트 **Christkind** 라는 환상의 인물이 크리스마스에 선물을 가져다 준다고 믿는다. 12월 6일은 니콜라우스의 날 **Nikolaustag**로 성 니콜라우스가 착한 아이들에게 선물을 주는 날이다. 또한 이 시기에는 도시마다 크리스마스 시장이 열리고, 사람들은 크리스마스 시장에서 따뜻한 와인 **Glühwein**을 마신다. 가정에서는 미리 준비해 놓은 트리를 24일 아침 거실에 들여와 장식하고, 이브 저녁에 크리스트킨트가 갖다 놓은 선물들을 여는 시간을 갖는다. 25일과 26일이 공휴일이고, 보통 학교에는 2주 기간의 크리스마스 방학이 있다.

성 니콜라우스
St. Nikolaus

이브 아침 트리를 장식하는 가족
Schmücken des Weihnachtsbaums

크리스트킨트가 선물을 놓고 간 후
Nachdem das Christkind da war

카셀 시청의 크리스마스달력
Adventskalender am Rathaus Kassel

크리스마스 피라미드
Weihnachtspyramide

선물을 여는 시간
Bescherung

뤼데스하임의 크리스마스시장
Weihnachtsmarkt in Rüdesheim

크리스마스 시장에서 마시는 따뜻한 와인
Glühwein auf dem Weihnachtsmarkt

●●●● 기초독일어

Lektion 08

Mina ruft Hannah an.

Hannah	:	Hallo.
Mina	:	Hallo, Hannah, hier ist Mina.
Hannah	:	Wie geht's?
Mina	:	Danke gut. Hast du am Samstag Zeit? Daniel und ich wollen nach Seoul zum Gyeongbok-Palast fahren. Kommst du mit?
Hannah	:	Mina, musst du nicht für die Prüfungen lernen? Du hast doch nächste Woche eine Prüfung, oder?
Mina	:	Ja, aber wir können bis Samstag fleißig arbeiten. Und am Samstag können wir eine Pause machen.
Hannah	:	Sag mal, Mina! Was ist los? Magst du Daniel vielleicht?
Mina:		Wie meinst du das? Natürlich mag ich ihn. Er ist freundlich und ich kann mit ihm auch Deutsch üben.

		Du weißt ja, dass ich später in Deutschland weiter studieren möchte.
Hannah	:	Ich weiß nicht. Du bist so anders. Fahrt doch zu zweit! Ich muss lernen.
Mina	:	Komm doch bitte mit, Hannah! Daniel bringt auch einen Freund mit. Lerne jetzt fleißig, und am Samstag kannst du einen Ausflug machen. Ich bitte dich!
Hannah	:	Ok, ich komme mit. Aber wir müssen später ehrlich miteinander reden.
Mina	:	Vielen Dank, Hannah!

>>> 4격 지배 동사 / 동사구

fragen (~에게 묻다): Sie fragt mich immer.
bitten (~에게 부탁하다/청하다): Ich bitte dich um Verständnis.
Es gibt + 4격 (~가 있다): Es gibt im Zimmer einen Spiegel.

>>> 전화 통화와 관련된 표현

Hier ist (spricht) Mina.
Kann ich bitte mit Daniel sprechen?
* 전화를 걸고 자신을 밝힐 때 Ich bin 이 아니라 Hier ist를 사용한다.

Wer ist am Apparat? 누구세요?
Wer spricht da?
Auf Wiederhören!

Es ist besetzt: 통화중예요.
Er/sie geht nicht dran: 전화를 받지 않아요.

* 독일에서는 전화를 받을 때 보통 자신의 성을 말한다〉 Müller. Seifener.
〈여보세요〉같은 표현으로 Hallo를 사용할 수 있다.

Grammatik

>>> 접속사

두 문장이 한 문장으로 결합할 때 접속사가 필요하다.

• **대등접속사**: 두 문장이 대등하게 결합할 때 쓰이며 접속사 뒤의 문장 순서는 똑같이 주어, 동사 순이다.
und, oder, aber, sondern, denn

예) Mein Bruder ist Politiker und meine Schwester ist Pilotin.
Er ist schon zu Hause oder er ist unterwegs.
Ich studiere noch, aber meine Freundin arbeitet schon.
Ich fahre nicht nach Hause, sondern an die Uni.
Ich gehe heute nicht zur Uni, denn ich bin sehr krank.

- **종속접속사**: 두 문장이 종속 관계로 부문장이 주문장에 종속되게 결합할 때 쓰인다. 부문장의 본동사는 맨 마지막에 온다.
  예) Ich weiß nicht, ob er morgen kommt.
  Ich weiß, dass er morgen nicht kommt.

* 종속접속사 관련 보다 자세한 사항은 10과 참조

>>> 명령형

독일어에서 명령형은 2인칭 du, ihr, Sie 에 대해 다른 형태를 보인다.

1) Sie에 대한 명령
동사원형 + Sie〉 Kommen Sie!

2) du에 대한 명령
du 의 동사형태에서 st를 뺀다〉 Kommst 〉 st를 생략〉 Komm!

3) ihr 에 대한 명령
ihr의 동사형태〉 Kommt!

>>> 분리 동사와 비분리 동사

독일어 동사 중에는 기존의 동사에 전철을 붙여 만든 경우가 많다. 앞에 붙은 전철이 분리되는 것은 분리 동사이고 어떤 경우에도 분리되지 않는 것은 비분리 동사이다.

1 <<<< 비분리 동사; 비분리 전철+동사

be- ent- emp- er- ge- miss- ver- zer-

예) besuchen(방문하다) bezahlen(지불하다) entscheiden(결정하다)
erklären(설명하다) gefallen(마음에 들다) gehören(속하다)
verstehen(이해하다) vergessen(잊다) zerstören(파괴하다)

Der Unterricht beginnt um 6 Uhr.
Ich besuche dich.
Entschuldigen Sie!
Ich verstehe das.

2 분리 동사; 분리 전철+동사

ab- an- auf- mit- an- vor- zu-

예) ab/fahren(출발하다)	an/kommen(도착하다)	auf/stehen(일어나다)
mit/kommen(같이 가다)	an/rufen(전화하다)	vor/haben(계획하다)
zu/machen(닫다)	auf/machen(열다)	ein/kaufen(사다)

Der Zug fährt um 4 Uhr in München ab.
Kommt er heute an?
Machen Sie bitte das Fenster auf!
Ich rufe dich an.
Was haben Sie vor?
Er steht jeden Tag um 6 Uhr auf.
Wir müssen um 6 Uhr aufstehen.

* 화법 조동사와 결합하면 분리 동사도 분리되지 않고 원형으로 문장의 마지막에 온다.
Ich möchte heute Abend fernsehen.
Ich muss morgen meine Freunde zum Essen einladen.

3 분리/비분리 동사; 분리/비분리 전철+동사

durch- hinter- unter- um- über- wider- wieder- voll-

예) übersetzen (배로) 건네주다 (분리)	übersetzen 번역하다 (비분리)
wiederholen 다시 가져오다 (분리)	wiederholen 반복하다 (비분리)

Der Mann setzt mich über.	(분리)
Der Mann übersetzt das Buch.	(비분리)
Der Hund holt den Ball wieder.	(분리)
Er wiederholt die Frage.	(비분리)

Info.

>>> 휴대폰과 문자

s. Handy
aufs Handy anrufen 휴대폰으로 전화를 걸다
e. SMS
eine SMS schicken 문자를 보내다

일반적으로 문자를 보낼 때 사용하는 축약 표현

mfG: Mit freundlichen Grüßen
LG: Liebe Grüße
mlg: Mit lieben Grüßen

또한 대문자 소문자를 구분하지 않고 소문자로만 사용하는 경우가 많다.

Übungen

1 빈 칸에 아래의 동사를 알맞게 채워 문장을 완성하세요. (중복 사용 가능)

anfangen, einladen, fernsehen, mitkommen, losfahren, zurückkommen

1. A : Was machst du heute Abend?
   B : Ich sehe fern. Und du? ___________ du auch fern?

2. A : Ich gehe ins Kino. ___________ du mit?
   B : Ja. Wann ___________ der Film denn an?
   A : Weißt du das nicht? Um Viertel nach sieben. Die Filme ___________ immer um Viertel nach sieben an.

3. A : Morgen ___________ ich Rita zum Essen ein.
   B : Warum ___________ du sie immer ein? Morgen ___________ ich sie ein.

4. A : Herr Müller muss morgen nach Hamburg fahren. Dort ist eine Konferenz.

B : Wann __________ er los?

A : Um halb sechs. Die Konferenz __________ um zehn Uhr an und dauert bis achtzehn Uhr.

A : Dann __________ er also um zwanzig Uhr zurück?

B : Nein, dann ____________ er die Kollegen zum Abendessen ein. Er ____________ erst übermorgen zurück.

2 다음 보기 중에서 알맞은 전철을 골라 다음의 대화를 완성하세요. (중복 사용 가능)

aus- an- vor- mit-

A : Wohin gehst du?

B : Ich gehe noch __________

Kommst du __________?

A : Was, du gehst noch __________?

Es ist schon halb zehn.

B : Ja und?

A : Was hast du denn __________?

B : Ich gehe ins Kino.

A : Wann fängt der Film __________?

B : Um halb elf. Es ist eine lange Kinonacht.

3 Filme laufen heute Nacht hintereinander für 15.000 Won.

A : Gut! Dann komme ich __________

3 어울리는 전철을 붙여 동사를 쓰고 뜻을 써보세요.

be
zu
mit
an
vor
auf
ab

rufen
machen
fahren
suchen
stehen
kommen
haben

4 괄호 안의 동사를 알맞은 형태로 빈 칸에 채우세요. 비분리동사일 경우에는 문장 뒤의 밑줄에 X를 표시하세요.

1. Bitte, ___________ Sie die Tür ___________! (zumachen)
2. Mein Bruder ___________ mich ___________ (anrufen)
3. Frau Müller ___________ Obst und Gemüse ___________ (einkaufen)
4. Herr Schmidt ___________ mich heute ___________ (besuchen)
5. ___________ du heute Abend etwas ___________? (vorhaben)
6. Der Lehrer ___________ uns das ___________ (erklären)

5 다음 동사나 동사구들을 이용해 각 인칭별로 명령형을 만드세요.

1. Platz nehmen

du ______________________________

ihr ______________________________

Sie ______________________________

2. mich anrufen

du ______________________________

ihr ______________________________

Sie ______________________________

3. ins Bett gehen

du ______________________________

ihr ______________________________

Sie ______________________________

독일의 분단과 통일
Teilung und Wiedervereinigung

2차 세계대전이 1945년 독일의 무조건적인 항복으로 종식되고 독일은 미국, 영국, 프랑스, 소련의 신탁 통치를 받다가 1949년 서독, 동독으로 분단된다. 40년 후 1989년 11월 9일 베를린 장벽이 붕괴되고, 실제적인 정치적 통일은 1990년 10월 3일 이루어진다.

Berliner Mauer am Brandenburger Tor

왼편의 동베를린과 오른편의 서베를린 사이에 있는 브란덴부르크문과 베를린 장벽

1990년 10월 3일 제국의사당

Vor dem Reichstag

베를린 벽의 일부분

Ein Stück der Mauer

기초독일어

Lektion 09

Seit wann bist du in Korea?

Daniel : Hallo, Mina, Tag, Hannah! Das hier ist Christoph.
Er lernt auch Koreanisch.

Mina : Hallo, Christoph. Mein Name ist Mina.
Kommst du auch aus Deutschland?

Christoph : Nein, ich komme aus der Schweiz.
Ich mache hier an der Chungnam Universität ein Austauschstudium.
Studiert ihr auch hier?

Hannah : Ja, ich studiere Germanistik an der Chungnam Universität.

Mina : Ich studiere Kunst.
Und ich möchte später in Deutschland weiter studieren.
Deshalb lerne ich auch fleißig Deutsch.

Hannah : Seit wann bist du in Korea?

Christoph :	Seit einem Jahr. Aber im Dezember fliege ich wieder in die Schweiz zurück.
Mina :	Wohnst du im Studentenwohnheim?
Christoph :	Ja, und ihr?
Hannah :	Wir wohnen zusammen in einer WG.
Mina :	Wann fährt unser Zug los?
Daniel :	Er fährt um 10 Uhr 16 auf Gleis 9 ab.
Mina :	Ich muss mal kurz auf die Toilette. Geht schon zum Gleis 9. Ich komme nach.
Daniel :	Ok. Unsere Plätze sind im Wagen 11. Komm dahin!

나라들의 성

독일어에서는 몇몇 나라들 역시 남성, 여성, 중성으로 성을 갖는다.
남성이나 중성인 나라들은 전치사 다음 관사가 오지 않지만 여성이나 복수인 나라들의 경우는 전치사 다음 관사를 사용하기 때문에 유의해야 한다.

• 여성인 나라

e. Schweiz, e. Türkei, e. Elfenbeinküste
Ich komme aus der Türkei
Ich möchte später in der Schweiz leben.
Korea spielt gegen die Elfenbeinküste.

• 복수인 나라

die USA, die Niederlande
Er ist jetzt in den USA.
Ich möchte in den Niederlanden leben.

교통수단

das Auto	der Bus	der Zug
die U-Bahn	das Schiff	das Flugzeug
das Fahrrad	die Straßenbahn	

mit을 사용한 유용한 표현

• mit jmd. zusammen sein: ~와 사귀는 사이다.

Ich bin mit Hannah zusammen.
Seit wann seid ihr zusammen?
Seit drei Jahren bin ich mit meiner Freundin zusammen.

Grammatik

3격 지배 전치사 / 4격 지배 전치사

3격 지배 전치사	4격 지배 전치사
aus, bei, mit, nach, seit, von, zu,	bis, durch, für, ohne, um, gegen...

예) Ich komme aus Korea.	Der Zug fährt nur bis München.
Hannah ist eine Freundin von mir.	Er geht durch den Park nach Haus.
Nach dem Mittagessen schlafe ich.	Ich kaufe ein Buch für Sie.
Ich gehe zum Bahnhof.	Ich kann ohne dich nicht leben.
Ich fahre mit dem Bus.	Ich laufe um den Park.
Bonn liegt bei Köln.	Er ist gegen die Regierungspartei.

교통수단

Ich fahre	mit der U-Bahn der Straßenbahn	mit dem Zug dem Auto dem Rad

목적지는 zu를 사용해 표현할 수 있다.

Ich fahre	zum Rathaus Bahnhof Museum	zur Post Uni. Kirche

전치사 + 관사의 축약

bei dem Goethe-Institut → **beim** Goethe-Institut
in dem Kaufhaus → **im** Kaufhaus
in das Kino → **ins** Kino
von dem Bahnhof → **vom** Bahnhof
zu der Post → **zur** Post
zu dem Bahnhof → **zum** Bahnhof

예) Mein Auto parkt beim Goethe-Institut.
Ich gehe ins Kino.
Er geht zur Post.
Ich gehe vom Bahnhof zur Universität.

Info.

>>> Frankfurt am Main / Frankfurt an der Oder

여러분이 잘 아는 도시 프랑크푸르트의 독일 명칭은 Frankfurt am Main 또는 Frankfurt a. M. 이다. 이는 독일에 프랑크푸르트라는 도시가 2개 있기 때문이다.

Frankfurt am Main 마인강가에 있는 프랑크푸르트
Frankfurt an der Oder 오더강가에 있는 프랑크푸르트

흥미로운 것은 강도 성이 있기 때문에 중성인 Main 강 앞에는 am(an dem) 이 오고 여성인 오더강 앞에는 an der 가 오는 것이다.

* 남성인 강 이름들
Main, Rhein, Inn

* 여성인 강 이름들
Elbe, Donau, Weser, Mosel, Sieg

Übungen

1 다음과 같이 대화를 만들어 보세요.

der Bus

A: Wie komme ich zur Kirche?

B: Fahren sie mit dem Bus!

1. 

das Taxi

A : Wie komme ich zur Post?

B : Fahren Sie ________________

2. 

die U-Bahn

A : Wie komme ich zum Rathaus?

B : Fahren Sie ________________

3. 

die Straßenbahn

A: Wie komme ich zum Museum?

B : Fahren Sie ________________

4. 

das Fahrrad

A: Wie komme ich zur Universität?

B : Fahren Sie ________________

2 다음 중 알맞은 전치사나 관사를 골라 빈 칸에 넣으세요.

aus nach zu um seit mit für bei der ohne einer dem

1. Herzlichen Glückwunsch zum Geburtstag!
   Die Blumen sind ________ dich.
2. Das ist Akan. Er kommt ________ ________ Türkei.
3. Hannah wohnt nicht ________ ihren Eltern.
   Sie wohnt ________ ihrer Freundin in ________ WG.
4. ________ ________ Unterricht gehe ich essen.
5. ________ wieviel Uhr beginnt der Unterricht?

6. Ich muss ________ Hause beiben, weil ich krank bin.

7. ________ einem Jahr lebt Daniel in Korea.

8. ________ dich kann ich nicht leben.

3 다음 보기에서 적절한 불변화사를 찾아 빈 칸에 쓰세요.

schon nur noch erst doch auch

1. Christoph studiert ________ ? Er ist doch ________ bald dreißig!

   Nein, er ist ________ zweiundzwanzig.

2. Ich studiere Kunst. Und du?

   Ich studiere ________ Kunst.

3. Ich will Gitarre lernen.

   Was? Du hast ________ keine Zeit.

4. Was, er verdient 3.000 Euro im Monat?

   Ich verdiene ________ 1.500 Euro.

4 정관사 / 부정관사 / 소유관사의 어미를 알맞게 쓰세요.

1. Ich komme von mein_____ Bruder.
2. Er ist mit mein_____ Schwester zusammen.
3. Seit ein_____ Semester lerne ich Deutsch.
4. Er kauft für sein_____ Eltern ein Geschenk.
5. Der FC Bayern München spielt morgen gegen mein_____ Mannschaft.
6. Am Wochenende gehe ich nicht zu_____ Uni.
7. Ohne dein_____ Hilfe kann ich es nicht schaffen.
8. Durch d_____ Park gehe ich spazieren.
9. Die Toilette ist um d_____ Ecke.
10. Nach d_____ Prüfung gehe ich schwimmen.
11. Ich bin seit ein_____ Woche krank. Ich muss wirklich zu_____ Arzt.

유럽연합과 독일
Die Europäische Union und Deutschland

유럽연합 **Europäische Union**은 2016년 현재 28개국의 회원국으로 이루어진 연합으로 1993년 설립되었다. 1957년 독일, 네덜란드, 프랑스, 이탈리아, 벨기에, 룩셈부르크 6개국이 함께 설립한 유럽경제공동체 **Europäische Wirtschaftsgemeinschaft**가 유럽연합의 전신이다. 유럽연합의 공식통화인 유로/오이로 **Euro**는 2002년부터 법정 통화로 사용되기 시작되었고, 2016년 현재 19개국의 유럽연합 회원국과 9개의 비회원국에서 사용되고 있다.

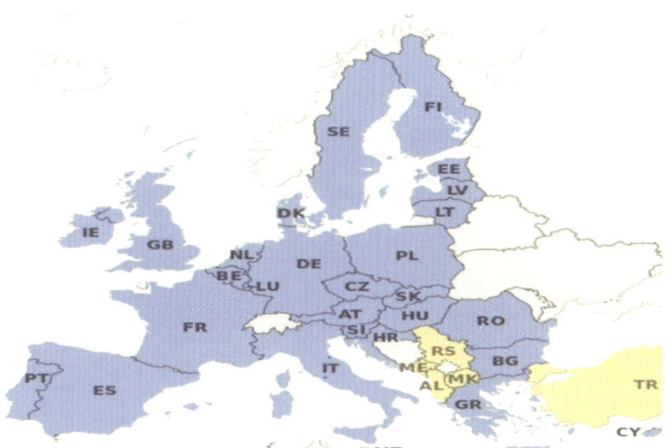

Europäische Zentralbank Frankfurt

■ 28개 회원국

Belgien (BE)	Griechenland (GR)	Malta (MT)	Slowakei (SK)	Bulgarien (BG)	Irland (IE)	Niederlande (NL)
Slowenien (SI)	Dänemark (DK)	Italien (IT)	Österreich (AT)	Spanien (ES)	Deutschland (DE)	Kroatien (HR)
Polen (PL)	Tschechien (CZ)	Estland (EE)	Lettland (LV)	Portugal (PT)	Ungarn (HU)	Finnland (FI)
Litauen (LT)	Rumänien (RO)	Vereinigtes Königreich (GB)	Frankreich (FR)	Luxemburg (LU)	Schweden (SE)	Zypern (CY)

Lektion 10

Was macht ihr in den Winterferien?

Christoph	:	Fliegst du in den Winterferien auch nach Deutschland?
Daniel	:	Ja. In zwei Wochen.
Mina	:	Was??? Fliegst du für immer nach Deutschland zurück?
Daniel	:	Nein, mein Bruder und ich verbringen Weihnachten bei meinen Eltern. Für uns ist Weihnachten sehr wichtig. Es ist ein Familienfest.
Mina	:	Ach so!
Christoph	:	Was macht ihr in den Winterferien? Habt ihr schon etwas vor?
Hannah	:	Meine Eltern und ich besuchen meinen Bruder in Deutschland. Er ist Opernsänger. Meine Eltern möchten ihn live in der Oper sehen.
Mina	:	Ich möchte auch so gerne nach Deutschland, aber ich habe nicht genug Geld für die Reise.

Hannah	:	Es reicht, wenn du Geld für das Flugticket hast. Für den Aufenthalt brauchst du nicht viel Geld. Du kannst bei uns bleiben.
Daniel	:	Wisst ihr was? Bei der Lufthansa gibt es gerade ein Sonderangebot. Das Ticket kostet nur 490 Euro, wenn du im Dezember fliegst.
Mina	:	Wirklich? Das ist aber preiswert.
Hannah	:	Ich kaufe dann sofort ein Ticket.
Daniel	:	Wenn ihr nach Deutschland kommt, könnt ihr bei mir Weihnachten verbringen. Wir wohnen in einem Vorort von Frankfurt.
Hannah	:	Das ist ja toll!
Mina	:	Weihnachten in Deutschland? Das möchte ich wirklich einmal erleben.

Grammatik

>>> 종속 접속사

1. 주문장, 부문장, 종속접속사 (8과 참조)

- 주문장과 부문장이 결합하여 한 문장을 만들 수 있는데, 종속적 관계로서 부문장이 주문장과 결합관계에 있으며, 주문장의 내용을 보충한다.
- 부문장이란 주문장을 보충해 주는 역할을 하는 문장을 말한다.
- 부문장은 주문장에 종속시켜 주는 역할을 하는 종속접속사로 시작하고, 동사의 인칭 변화형이 부문장 마지막에 위치한다.
- 주문장과 부문장 사이에는 쉼표를 쓴다.
- 부문장이 먼저 오고 주문장이 뒤에 올 경우, 주어와 동사가 도치된다.

2. 종속 접속사로 결합된 문장의 순서

- 주문장이 문장 앞에 올 경우

주문장			부문장			
주어	동사	기타	접속사	주어	기타	동사

- 부문장이 문장 앞에 올 경우

부문장				주문장		
접속사	주어	기타	동사	동사	주어	기타

3. 종속접속사 의미와 활용

wenn / als (과거 1회성): 때에
- Wenn ich aufstehe, trinke ich zuerst ein Glas Wasser.
- Als ich heute Morgen aufstand, trank ich zuerst ein Glas Wasser.

während: ~ 하는 동안
- Mein Mann sieht fern, während er spült.

bis: ~까지
- Ich esse, bis ich satt bin.

seit: ~ 이래로
- Seit ich Deutsch lerne, lerne ich so viele deutsche Freunde kennen.

bevor: ~ 전에

- Ich trinke immer eine Tasse Kaffee, bevor ich aufs Klo gehe.

nachdem: ~ 후에

- Ich will nach Deutschland fliegen, nachdem ich mit meinem Studium fertig bin.

damit: ~ 하기 위하여

- Ich verdiene Geld nebenbei, damit ich die Studiengebühren bezahlen kann.

obwohl: ~ 임에도 불구하고

- Ich gehe zum Seminar, obwohl ich keine Lust habe.

weil: ~ 때문에

- Ich möchte in Japan leben, weil meine Freundin Japanerin ist.

3 · 4격 지배 전치사

auf in an über vor hinter unter zwischen neben

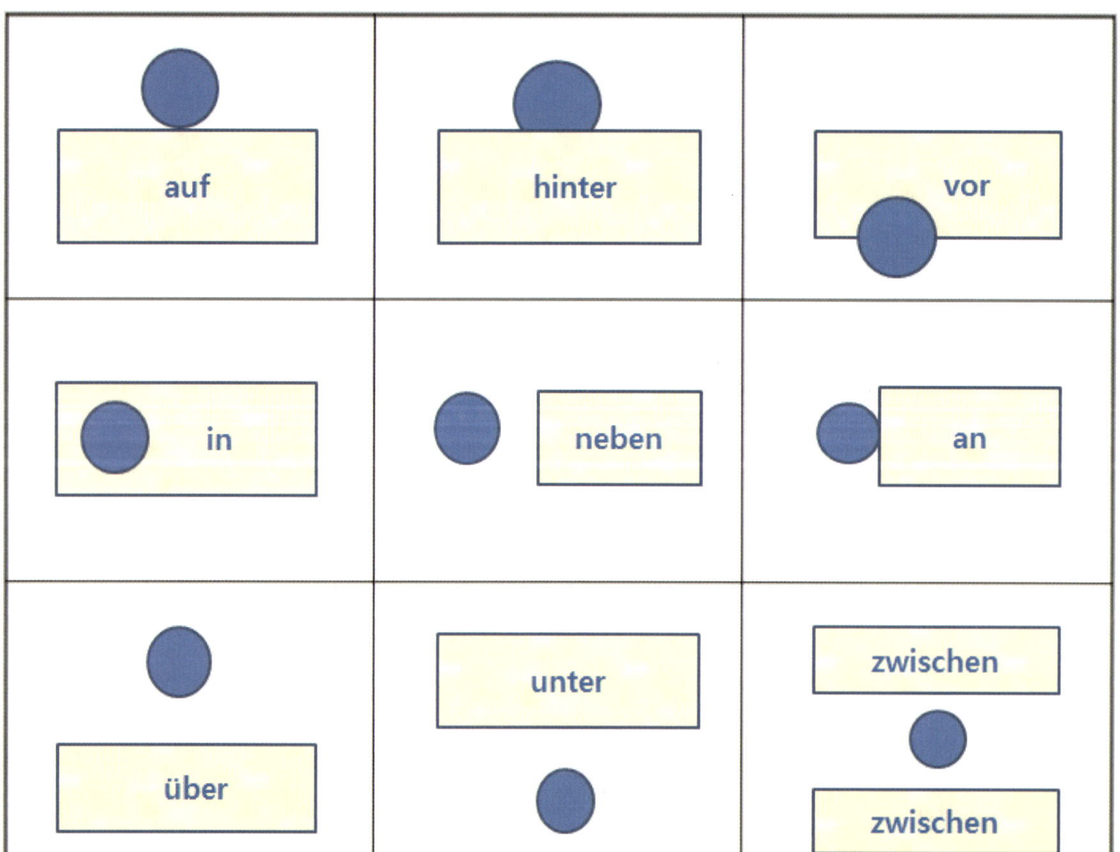

예)

	wo?	wohin?
auf	Peter sitzt auf dem Stuhl.	Er setzt sein Kind auf den Stuhl.
über	Das Bild hängt über dem Bett.	Er springt über die Pfütze.
hinter	Die Katze ist hinter dem Auto.	Die Katze geht hinter das Auto.
unter	Der Hund ist unter dem Auto.	Der Hund geht unter das Auto.
in	Das Kind ist im Auto	Das Kind steigt in das Auto.
vor	Das Auto steht vor dem Haus.	Das Auto fährt vor das Haus.
neben	Er sitzt neben mir.	Er setzt sein Kind neben mich.
an	Das Bild hängt an der Wand.	Ich hänge das Bild an die Wand.
zwischen	Meine Tasche liegt zwischen den Stühlen.	Ich lege meine Tasche zwischen die Stühle.

Info.

>>> 화장실 관련 표현

e. Toilette s. Klo

변기라는 의미도 포함되어 있기 때문에 화장실에 가는 표현에서, 전치사 in이 아니라 auf를 사용한다.

auf die Toilette gehen / aufs Klo gehen

예) Ich muss mal auf die Toilette gehen.

Ich bin auf dem Klo.

Übungen

1 빈 칸에 알맞은 정관사를 쓰세요.

1. Das Kind sitzt auf _______ Stuhl.
2. Die Mutter setzt das Kind auf _______ Stuhl.
3. Mein Buch liegt unter _______ Bett.
4. Ich lege mein Buch unter _______ Bett.
5. Das Bild hängt an _______ Wand.
6. Ich hänge das Bild an _______ Wand.

2 빈 칸에 알맞은 전치사나 관사를 써서 문장을 완성하세요.

1. A : Wohin fahren Sie?

   B : _______ _______ Schweiz.

   A : Wohnen Sie _______ _______ Schweiz?

   B : Nein, ich wohne _______ _______ USA.

2. A : Gehst du _______ _______ Stadt?

   B: Ja, ich möchte _______ Kaufhaus ein Kleid kaufen.

   A: Bleibst du lange _______ _______ Stadt?

   B: Nein, ich bin um sechs wieder _______ Hause.

3. A : Kommst du am Wochenende mit _______ Kino?

   B : Nein, ich kann nicht.

   Ich gehe am Wochenende _______ Theater.

   Ich habe schon eine Karte.

3 자신의 집을 설명하는 글이다. 보기에서 빈 칸에 들어갈 형태의 정관사를 고르세요.

der	dem	das	den

Meine Wohnung gefällt mir sehr. Sie hat 4 Zimmer und 2 Badezimmer. Wenn man die Haustür aufmacht, kommt man sofort in das Wohnzimmer.

In _______ Wohnzimmer steht ein Fernseher auf _______ Schrank.

In _______ Schrank liegen unsere Familienalben.

Ein Couchtisch steht in _______ Mitte.

Ich lege immer meine Bücher auf _______ Couchtisch.

An _______ Wand steht ein Ledersofa.

Ich lege immer meine Sachen auf _______ Sofa.

Abends sitze ich auf _______ Sofa, sehe fern und schlafe meistens ein.

4 다음 보기 중 알맞은 접속사나 부사를 골라 빈 칸을 채우세요. (중복 사용 가능)

weil	deshalb	ob	dass	denn	wenn

1. _______ du mich nicht mitnimmst, kann ich nicht zur Party kommen, _______ ich kein Auto habe.
2. Morgen kann ich dir nicht helfen, _______ ich gehe morgen wieder arbeiten.
3. Ich weiß nicht, _______ er mich mag oder nicht.
4. Ich weiß, _______ meine Mutter sehr ärgerlich ist.
5. Mein Professor ist schwer krank. Ich hoffe, _______ er wieder gesund wird.
6. Meine Freundin ist Japanerin, _______ lerne ich Japanisch.

5 다음 문장들을 자연스럽게 연결이 되도록 연결하세요.

1. Das kann ich erst machen,	a) wenn ich Zeit habe.
2. Das kann ich nicht machen,	b) denn dann habe ich Zeit.
3. Das mache ich übermorgen,	c) ob ich Zeit habe.
4. Du musst mich fragen,	d) weil ich keine Zeit habe.

6 다음 보기 중 알맞은 접속사나 부사를 골라 빈 칸을 채우세요. (중복 사용 가능)

weil	seit	ob	wenn	bis	während	damit	obwohl

1. Ich will nicht schlafen.

   Der Film ist zu Ende.

⇨ ________________________________

2. Er geht heute Abend wieder aus.

Er hat morgen viele Prüfungen.

⇨ ____

3. Wir wissen nicht.

Wir machen in Europa Urlaub.

⇨ ____

4. Ich trinke heute Abend noch einen Kaffee.

Ich kann noch lange lernen.

⇨ ____

5. Sie kann heute nicht ausgehen.

Sie hat eine Erkältung.

⇨ ____

6. Ich kann spülen.

Ich telefoniere.

⇨ ____

7. Das Wetter ist morgen schlecht.

Wir machen keinen Ausflug.

⇨ ____

8. Er hat eine Freundin.

Er hat keine Zeit für uns.

⇨ ____

옥토버페스트
Oktoberfest

1810년 10월 12일 바이에른 왕국의 황태자 루드비히 1세와 작센가의 테레제 공주의 결혼을 축하한 음악제를 곁들인 5일간의 축제로부터 옥토버페스트가 유래되었다. 1872년부터 9월에 시작하게 되었고, 행사시기는 매년 9월 셋째 주 토요일정오부터 10월 첫째 일요일까지 3주간 (16일) 계속된다.

Lektion 11

Im Flugzeug

Dialog A

Mina : Ich bin ja so aufgeregt.
Ich fliege zum ersten Mal.

Hannah : Ich finde es toll, dass wir zusammen fliegen können.
Und ich freue mich darauf, Daniel in Deutschland zu treffen.

Mina : Schau mal, sie servieren Getränke. Gut! Ich habe nämlich großen Durst.
Aber guck mal, Hannah. So viele Flugbegleiter.

Hannah : Tatsächlich! Vier Flugbegleiter und nur eine Flugbegleiterin.
Die Zeiten ändern sich. Es gibt nicht mehr reine Männerberufe und reine Frauenberufe.

Mina : Es scheint so. Aber ich frage mich, ob es nur hier bei der Lufthansa so ist, oder überall.
Flugbegleiter: Was möchten Sie trinken?
Hannah : Wasser, bitte.
Flugbegleiter: Sprudelwasser oder stilles Wasser?
Hannah : Stilles Wasser, bitte.
Mina : Ich auch, bitte.

Dialog B

Mina : Entschuldigung, wo ist die Toilette?
Flugbegleiter: Gehen Sie geradeaus nach hinten und dann nach links. Dort gehen Sie über eine Treppe nach unten. Da gibt es 6 Toiletten.

>>> 고마움과 사과에 대한 대답

Entschuldigung / Tschuldigung / Entschuldigen Sie / Verzeihen Sie / Verzeihung
- Kein Problem.
- Macht nichts.
- Nichts passiert.

Danke schön / Vielen Dank
- Bitte schön.
- Gern geschehen.
- Nichts zu danken.

>>> ~하다고 여기다 / 생각하다

finden+목적어+형용사
목적어를 ...... 하다고 생각하다.
예) Ich finde den Film langweilig.
Ich finde meinen Lehrer sehr streng.

>>> 방향 지시

nach links

nach rechts

geradeaus

die Straße entlang

>>> 주요건물 / 주요 명칭

der Hauptbahnhof
die Post
die Schule
das Kaufhaus
das Kino
das Krankenhaus

das Theater
die Universität(Uni.)
die Bibliothek
der Flughafen
die Bank
die Toilette

das Rathaus
das Museum
das Parkhaus
die Kirche
die Imbissbude
die Bushaltestelle

Grammatik

>>> 전치사+대명사

전치사가 대명사와 결합할 때 대명사가 사물을 받을 경우 대명사 대신 da(r)+전치사의 형태로 쓴다

예) Worauf wartest du?
Ich warte auf die U-Bahn.

Womit fährst du zur Uni?
Ich fahre mit dem Bus zur Uni.

대명사가 사람을 가리킬 때는 전치사+대명사의 형태 그대로 쓴다.

예) Auf wen warten Sie?
Ich warte auf meine Eltern.

Mit wem fährst du nach Seoul? Fährst du mit deiner Mutter?
Nein, ich fahre nicht mit ihr. Ich fahre allein.

* wer의 격변화

1격	2격	3격	4격
wer	wessen	wem	wen

>>> 재귀대명사 / 재귀동사

* 재귀동사
행위, 사건 등이 주어 자신에 미치는 동사로 3, 4격 재귀대명사를 목적어로 취한다. 주어와 목적어가 동일인물이다.

* 재귀대명사

1격	ich	du	er/sie/es	wir	ihr	Sie/sie
3격	mir	dir	sich	uns	euch	sich
4격	mich	dich	sich	uns	euch	sich

재귀대명사의 형태는 인칭대명사 3, 4격의 형태와 동일하나 2인칭 존칭형과 3인칭 단수 및 복수형인 sich라는 형태를 가진다.

sich ändern 달라지다, 바뀌다
sich freuen (auf/über) ~에 대해 기뻐하다
sich schminken 화장하다
sich duschen 샤워하다

예) Man ändert sich schwer.
Ich freue mich auf das Treffen.
Meine Mutter schminkt sich.
Wenn mein Vater aufsteht, duscht er sich zuerst.

>>> zu + 동사원형

독일어에서 zu+동사원형은 주어, 목적어, 부가어 등의 기능을 할 수 있다.
분리동사: 분리전철 + zu +동사원형

예) Ich habe keine Lust, ins Kino zu gehen.
Es ist schwierig, Deutsch zu lernen.
Es macht mir Spaß, mit Freunden zu plaudern.
Ich freue mich, dass ich ihn wieder treffe.
Ich freue mich, ihn wieder zu treffen.

* um..... zu+동사원형: ~ 하기 위하여
Ich arbeite neben dem Studium, um Geld zu verdienen.
Ich fahre nach Frankfurt, um eine Messe zu besuchen.

Info.

>>> Stilles Wasser / Wasser mit Kohlensäure

독일에서 일반적으로 마시는 물은 탄산이 들어간 물이다.
탄산물이 싫은 사람은 이를 꼭 표현해야 한다.
Stilles Wasser, bitte.
Wasser ohne Kohlensäure, bitte.

Übungen

1 보기처럼 문제에서 주어진 장소까지 길을 안내하세요.

보기 : A : Entschuldigung, wie komme ich zum Bahnhof?
B : Gehen Sie nach rechts und dann gleich wieder nach links.

1. die Bushaltestelle.

A : ______________________________

B : ______________________________

2. die Universität.

A : ______________________________

B : ______________________________

3. die Telefonzelle.

A : ______________________________

B : ______________________________

4. die Kirche.

A : ______________________________

B : ______________________________

2 빈 칸에 알맞은 재귀대명사를 쓰세요.

1. A : Stimmt es, dass Jonas für immer nach Deutschland zurückfliegt?

B: Ja, er will ____________ von seiner Freundin trennen.

A: Wie kann er das nur tun?

Ich kann ____________ von meiner Freundin nie trennen.

2. A : Fürchtest du ____________ vor dem Alter?

B : Ich werde bald 30, und ich fürchte ____________ schon davor.

3. A : Mein Vater trinkt jeden Tag eine Flasche Schnaps.

B : Das ist aber wirklich ungesund.

A : Ja, ich weiß, aber er kann ____________ leider nicht ändern.

4. A : Was ist los mit deinen Haaren?

B : Draußen ist sehr windig. Ich muss ____________ kämmen.

5. A : Musst du ____________ jeden Morgen duschen?

B : Ja, ich schwitze beim Schlafen so viel.

6. A : Freut ihr ____________ auf die Reise nach Spanien?

B : Ja, natürlich. Wir freuen ____________ sehr darauf.

7. Wohin soll ich ____________ setzen?

Setz ____________ hier neben mich!

8. Fliegt deine Mutter auch mit nach Frankreich?

Nein, sie fühlt ____________ zu alt für die Reise nach Europa.

3 자연스러운 대화가 되도록 두 문장을 연결하세요.

1. Wofür interessierst du dich?
2. An wen denkst du?
3. Mit wem fährst du nach Daejeon?
4. Woran denken Sie?
5. Womit bist du so unzufrieden?

a) Ich denke an meine Freundin.
b) Mit meinem Essen.
c) Ich fahre mit meinen Freunden.
d) Ich interessiere mich fürs Tanzen.
e) Ich denke an meinen Urlaub.

4 다음 문장을 독작해 보세요.

1. 너는 무엇을 기다리니? ______________________
   나는 버스를 기다려. ______________________

2. 당신은 누구를 기다리세요? ______________________
   전 제 아버지를 기다려요. ______________________

3. 그는 누구를 위해서 그 선물을 사나요? ______________________
   그는 그의 여자 친구를 위해서 그 선물을 삽니다. ______________________

4. 무엇에 대해서 그는 얘기합니까? ______________________
   그의 집에 대해서 그는 얘기합니다. ______________________

5. 나는 유럽으로 여행을 하기 위해 돈을 법니다. ______________________

6. 그녀는 그를 초대하기 위해 그에게 전화를 겁니다. ______________________

독일의 대학 생활
Uni-Leben in Deutschland

▶ 아비투어 Abitur

독일 대학 입학 자격시험에 해당하는 것으로 주에 따라 차이가 있지만 보통 12-13년의 교육 후 치르는 시험으로 아비투어에 합격하면 대학에 입학할 수 있는 자격을 가진다.

▶ 무료 대학 교육 Uni ohne Studiengebühren

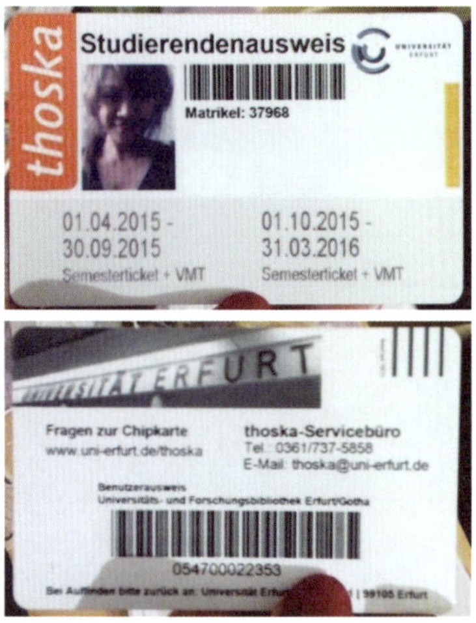

학생증 뒷면의 교통권
Semesterticket auf der Rückseite des Studentenausweises

독일교육은 무상교육과 균등한 교육기회의 부여를 원칙으로 해, 독일 국공립 대학교에는 등록금이 없다. 2005년 주요 연방주에서 대학이 등록금을 걷어도 된다는 법안이 통과하면서 독일의 70%, 구서독의 90%가 등록금 제도를 도입했었다. 하지만 거국적인 반대에 부딪혀 몇몇 연방주부터 다시 등록금을 폐지하기 시작해 2013년부터모든 연방주에서 등록금이 사라지게 되었다. 물론 정해진 기간 내에 졸업을 못하거나, 새로운 전공으로 다시 대학교에 다닐 경우에는 등록금을 내야 하는 예외 경우는 있다. 대학생들은 학기마다 보통 150-300유로 정도의 학기분담금 Semesterbeitrag을 지불하는데, 이는 행정서비스 비용이나 그 지역 내에서 교통수단을 무료로 탈 수 있는 학기교통권 Semesterticket이 포함된 금액으로 보통 학생증에 표시되어 나온다.

대학 캠퍼스 auf dem Campus

▶ 볼로냐 프로세스 Bologna-Prozess

볼로냐 프로세스는 영국, 프랑스, 독일, 이탈리아 등 4개 유럽연합 소속 국가들이 이탈리아 볼로냐에서 모여 2010년까지 단일한 고등교육제도를 설립하는 것을 목표로 유럽 대학들의 국제 경쟁력을 높이고자 1999년에 출범한 프로그램이다. 볼로냐 프로세스에 따르면 회권국 내에서는 대학 졸업장 하나로 모든 나라를 넘나들 수 있게 된다. 다시 말해, 유럽 어느 대학을 나오든 유럽 국가에서는 어디서든지 취업을 할 수 있는 자격 요건을 갖추게 되었다는 의미이다. 학사가 따로 없던 독일의 대학제도가 이 프로세스에 따라 미국처럼 학사-석사-박사의 학제로 개편되었다.

▶ 독일연방 교육 장려법 BAföG (Bundesausbildungsförderungsgesetz)

기회의 균등이라는 원칙하에 학생들이 교육을 받는 동안, 경제적으로 어려운 학생들이 생활비를 벌기 위해 일을 하지 않아도 되도록 가정 소득 수준에 따라 국가에서 장려금을 빌려준다. 우리의 학자금 대출과는 달리 전혀 이자를 지불하지 않을 뿐 아니라 받은 장려금의 50%만 상환하면 된다. 나머지 50%의 상환금도 정해진 기한 내 졸업이나 우수한 성적 등 조건에 따라 일부를 면제해 주는 우리에게는 믿기 어려운 장려 정책이다.

▶ 주거생활

기숙사 Studentenwohnheim

개인의 사생활을 중시하는 독일답게 독일의 기숙사는 1인 1실이 기본이로, 일부 기숙사에서는 옆의 사진처럼 공동부엌의 냉장고도 개인별로 나뉘어져 있고 열쇠로 잠글 수 있다. 독일의 기숙사는 일반적으로 남녀 구분이 없다.

WG (Wohngemeinschaft):

직역하면 거주공동체라는 의미이며 독일의 젊은이들에게서 흔히 볼 수 있는 거주형태로, 우리나라에서는 친구들과 함께 하는 자취생활과 유사하다. 하지만 독일 최초의 WG는 1967년 재야단체가 만든 Kommune 1로, 시민사회의 소가속에 대한 반대 모델로서 만들어진 분명한 정치적 목적을 띤 거주형태였다.

학기가 시작하기 전 대학 게시판에서 WG의 방을 구하거나 같이 지낼 사람을 구하는 내용의 전단지를 많이 볼 수 있다.

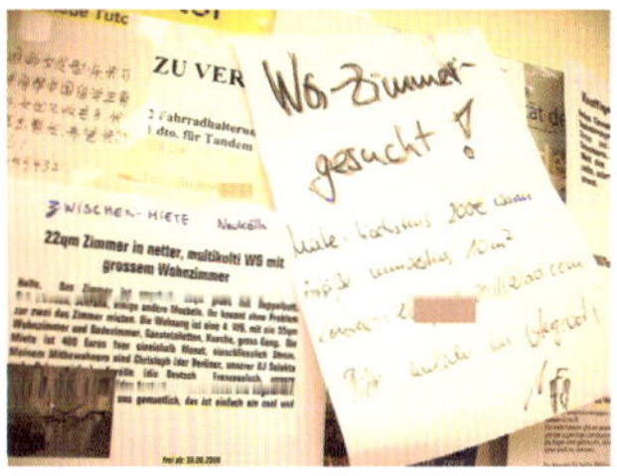

Lektion 12

Auf dem Frankfurter Flughafen

Hannah	:	Endlich sind wir in Deutschland!
Mina	:	Ich kann gar nicht glauben, dass ich in Deutschland bin. Guck mal! Überall gibt es Schilder in deutscher Sprache.
Hannah	:	Natürlich gibt es die! Gehen wir jetzt zur Gepäckausgabe. Vielleicht ist unser Gepäck schon da.
Mina	:	Hoffentlich wartet Daniel auch wirklich auf uns.
Hannah	:	Sicher! Er wird da sein.

Vor dem Ausgang

Daniel : Hannah! Mina! Lasst mich euch mal drücken!
Das ist schön, euch hier zu sehen.

Mina : Hallo, Daniel! Schön, dass du da bist.

Daniel : Wie war der Flug?

Hannah : Er war gut, nur zu lang. Mina hatte Kopfschmerzen.

Mina : Die Zeit verging aber schnell, weil wir die ganze Zeit Filme guckten.
Hast du keinen Jetlag? Du bist ja erst seit einer Woche in Deutschland.

Daniel : Ich hatte ein paar Tage einen Jetlag, aber jetzt nicht mehr.
Gehen wir zum Parkhaus.

Mina : Hast du ein Auto?

Daniel : Es ist das Auto von meinen Eltern.

Mina : Fahren wir dann gleich auf der Autobahn?
Auf einer Autobahn ohne Geschwindigkeitsbegrenzung?
Wie toll!

Daniel : Doch, doch! Es gibt hier auch Geschwindigkeitsbegrenzungen,
Mina.

>>> 도시이름 + er

도시나 지역명 뒤에 -**er**을 붙이면 그 도시 출신인 사람을 의미하거나, 뒤에 명사가 오면 형용사 역할을 한다.

Ich bin Frankfurt**er**.
Er ist Berlin**er**.
Sie ist Daejeon**erin**.

Brandenburg**er** Tor
Wien**er** Würstchen
Nürnberg**er** Würstchen

Grammatik

>>> 과거형

* **규칙동사**의 과거와 과거분사 만들기
과거 ⇨ 어간+te
과거분사 ⇨ ge+어간+t

예) machen - machte - gemacht
lernen - lernte - gelernt
öffnen - öffnete - geöffnet
arbeiten - arbeitete - gearbeitet
legen - legte - gelegt
rasieren - rasierte- rasiert

* **불규칙 동사**의 과거와 과거분사
kommen - kam - gekommen
geben - gab - gegeben
gehen - ging - gegangen
sein - war - gewesen
haben - hatte - gehabt
wollen - wollte - gewollt
können - konnte - gekonnt
dürfen - durfte - gedurft

mögen - mochte - gemocht
sollen - sollte - gesollt
müssen - musste - gemusst

* 과거형의 인칭별 어미변화

		machen machte	lernen lernte	sein war	haben hatte	können konnte
ich		machte	lernte	war	hatte	konnte
du	st	machtest	lerntest	warst	hattest	konntest
er sie es		machte	lernte	war	hatte	konnte
wir	en	machten	lernten	waren	hatten	konnten
ihr	t	machtet	lerntet	wart	hattet	konntet
sie Sie	en	machten	lernten	waren	hatten	konnten

현재형 인칭변화와는 약간의 차이가 있어 유의해야 한다.
1인칭 단수와 3인칭 단수에는 어미가 없고 동사의 과거형태 그대로 써준다.

예) Was machtest du in den Ferien?
Ich machte Urlaub in China.

Lerntest du am Wochenende viel?
Nein, ich konnte nicht lernen. Ich war krank und hatte Fieber.

››› werden + ... + 동사원형

* werden 동사의 현재 인칭 변화

	ich	du	er/sie/es	wir	ihr	Sie/sie
werden	werde	wirst	wird	werden	werdet	werden

〈werden+......+동사원형〉 문장은 미래형의 의미를 지니기도 하지만, 현재의 일이나 미래의 일을 추측하는 의미 역시 포함된다.
예) Mein Mutter wird jetzt in Seoul sein.
Morgen werde ich in Frankfurt sein.

단순한 미래는 보통 미래를 나타내는 시간부사와 현재형으로 사용한다.

예) Morgen komme ich zu dir.

Nächstes Jahr feiere ich meinen Geburtstag groß.

* werden이 본동사로 쓰일 때는 "...되다" 라는 의미이다.

Was möchtest du werden?

Ich möchte später Sänger werden.

>>> 동사 lassen

* lassen 동사의 현재 인칭 변화

lassen	ich	du	er/sie/es	wir	ihr	Sie/sie
	lasse	lässt	lässt	lassen	lasst	lassen

lassen은 '시키다'라는 사역동사로도 사용되고 '~놔두다', '~하도록 허락하다' 등의 다양한 의미로도 쓰인다. lassen은 이처럼 본동사로도 쓰이고 조동사로도 쓰이는데, 조동사로 쓰일 경우에는 본동사가 동사원형의 형태로 문장 맨 마지막에 온다.

* 본동사로 쓰이는 경우

예) Lass mich in Ruhe!

Ja, ich lasse dich in Ruhe.

* 조동사로 쓰이는 경우

예) Meine Freundin lässt mich nicht allein reisen.

Lasst mich euch drücken!

Info.

>>> Autobahn

우리에게 독일의 아우토반은 속도제한이 없는 무제한으로 과속 자체가 없는 고속도로라고 알려져 있으나 실제로 독일의 아우토반에도 120/130 등의 제한 속도가 있는 경우가 많다. 물론 제한 속도가 없는 구간도 있지만 점점 속도제한 있는 곳이 증가하는 추세이다.

Übungen

1 sein 동사의 과거형을 알맞게 쓰세요.

A : Wo ____________ du gestern Abend?

B : Gestern Abend? Ich ____________ bei Daniel.

A : ____________ du allein bei ihm?

B : Nein, Hannah und Christoph ____________ auch da.

A : Und Mina?

B : Sie ____________ nicht bei Daniel.

A : Wie lange ____________ ihr bei ihm?

B : Wir ____________ bis eins bei ihm.

2 보기에서 알맞은 단어를 골라 다음 대화를 완성하세요.

hatte	war	hattest	warst	konnte

A : Wieso ____________ du gestern nicht auf der Party?

B : Entschuldigung!

Ich ____________ beim Arzt.

A : Was ____________ du denn?

B : Ich ____________ Bauchschmerzen.

Ich ____________ nichts essen.

3 자연스러운 대화가 될 수 있도록 단어들을 배열하여 문장을 만드세요.

1. A : Komm doch heute Nacht mit ins Kino!

B : Ich kann nicht.

lassen/ ausgehen/ meine/ mich / nachts/ nicht/ Eltern

⇨ ____

2. A : Es war schön hier. Vielen Dank für alles und leb wohl!

B : Alles Gute!

dich/ werde/ ich/ sehr/ vermissen

⇨ ____

3. A : Wie lange willst du noch lernen?

B : Ich habe doch morgen eine Prüfung.

mich/ in / Ruhe/ arbeiten/ lass

⇨ ______________________________

4. A : Ich kann doch nicht allein nach Hause gehen. Meine Beine tun mir so weh.

B : Keine Sorge!

dich/ Hause / bringen/ ich / nach / werde

⇨ ______________________________

4 다음의 문장들을 알맞은 순서대로 번호를 매기세요.

a) Seit einem Jahr arbeite ich als Ingenieurin bei Bosch. ( )

b) Ich besuchte die Deajon-Oberschule. ( )

c) Ich bin am 6. März 1988 in Daejeon geboren. (1)

d) Ich bin mit meiner Arbeit sehr zufrieden

und möchte bald meinen Freund heiraten. ( )

e) Und dann studierte ich Maschinenbau an der Chungnam Universität. ( )

f) Nach dem Studium war ich ein Jahr in Deutschland. ( )

5 다음의 문장들을 과거형으로 바꾸세요.

1. Ich will Kunst studieren.

⇨ ______________________________

2. Er kommt zu spät zur Uni.

⇨ ______________________________

3. Wir haben kein Geld.

⇨ ______________________________

4. Kannst du deine Mutter verstehen?

⇨ ______________________________

5. Dürft ihr arbeiten?

⇨ ______________________________

6. Es gibt hier einen Tisch.

⇨ ______________________________

그림형제
Brüder Grimm

1812년 출판된 그림형제의 〈아동과 가정의 메르헨 Kinder- und Hausmärchen〉은 전 세계적으로 사랑을 받고 우리나라에도 그림동화로 잘 알려져 있다. 많은 디즈니 애니메이션과 영화의 원작으로 사용되었고, 그림동화의 인물이나 모티브는 TV광고나 드라마에도 계속적으로 사용되고 있어 우리에게 친숙하다.

유로화로 바뀌기 전 가장 큰 금액 1000 마르크의 지폐에 인쇄되어 있는 그림형제
1000 Mark-Schein mit dem Portrait der Brüder Grimm.

브레멘에 있는 그림형제의 동화 〈브레멘 음악대〉 동상
〈Bremer Stadtmusikanten〉 in Bremen

개구리왕 분수대
Froschkönigbrunnen

●●●● 기초독일어

Lektion 13

Auf dem Weihnachtsmarkt

Hannah : Wie schmeckt dir der Glühwein, Mina?

Mina : Ganz gut! Ich kann immer noch nicht glauben, dass ich auf dem Weihnachtsmarkt in Deutschland bin.

Hannah : Ich glaube, es ist endlich mal Zeit, mich mit dir ernsthaft zu unterhalten.

Mina : Was ist los? Ich werde ja nervös.

Hannah : Ich komme direkt zur Sache. Bist du in Daniel verliebt? Du bist doch nicht einfach nur so nach Deutschland gekommen, oder?

Mina : Ich weiß nicht, ob ich in ihn verliebt bin. Aber meine Gefühle sind ja nicht wichtig. Ich kann sowieso keinen Ausländer als festen Freund haben.

Hannah : Was soll das heißen?

Mina : Meine Eltern haben mir eingeschärft, in Deutschland keinen

Mann zu treffen, vor allem keinen Ausländer. Sie haben mir diese Reise nur erlaubt, weil ich bei dir bin, und deine Eltern auch in Deutschland sind.

Hannah : Das verstehe ich nicht. Meine Eltern haben doch auch keine Probleme damit, dass mein Bruder eine deutsche Freundin hat.

Mina : Ach, Hannah! Deine Eltern sind ja viel liberaler und offener als meine Eltern. Die sind sehr konservativ. Aber warum willst du das so genau wissen?

Hannah : Ehrlich gesagt hat Daniel mich gestern angerufen und gefragt, wie du ihn findest. Er war auf den ersten Blick in dich verliebt. Aber er traut sich nicht, dich zu fragen. Er hat wohl schlimme Erfahrungen mit seiner Ex-Freundin gemacht, deswegen ist er überhaupt zu seinem Bruder nach Korea gekommen.

Mina : Was? Ich bin sprachlos. Hat er das wirklich gesagt?

Hannah : Es gibt noch etwas, was ich dir noch nicht erzählt habe.

Mina : Was denn?

Hannah : Ich habe mich mit Daniel heute hier verabredet. Wenn er da ist, dann fahre ich nach Hause. Ich bin mit meinem Bruder verabredet.

Mina : Wie bitte? Was soll ich denn allein mit ihm hier machen?

Hannah : Mina, wir sind in Deutschland und auf dem Weihnachtsmarkt. Alles ist so weihnachtlich und romantisch. Rede erst mal offen mit Daniel und überlege, was du machen möchtest. Du bist 23 Jahre alt, du bist erwachsen. Du lebst doch dein Leben nicht wie deine Eltern es dir vorgeschrieben haben. Oder?

Mina : Ja, das weiß ich. Aber...

Hannah : Mein Handy klingelt. Es ist Daniel. Er muss da sein.

Mina : Meine Güte.... Was soll ich jetzt machen?

>>> 자신의 의견, 생각, 감정 표현하기

Meiner Meinung nach ...
Ehrlich gesagt ...
Ich bin der Meinung, dass...
Ich bin dafür, dass...
Ich bin dagegen, dass...
Ich habe das Gefühl, dass...

>>> 형용사로서의 현재분사와 과거분사

현재분사형(동사원형+d)은 현재 진행되고 있는 사건을 표현할 때 쓰이며 명사 앞에 놓여 수식어로 쓰이거나 또는 동사와 함께 술어적으로 사용된다.

예) Das weinende Kind ist mein Sohn.
Das Kind isst weinend Eis.

과거분사형은 화자가 말하고 있는 순간에 완료된 사건을 표현할 때 사용되고, 명사 앞에서 수식어적으로나, 동사와 함께 술어적으로 사용된다.

예) Ich bin mit meinem Bruder verabredet.
Sie ist geschieden.

Grammatik

>>> 현재완료형

독일어에서 현재완료는 주로 지난 과거를 표현할 때 쓰이는데 이렇게 쓰일 때는 의미상으로는 과거형과 동일하다고 볼 수 있다. 단지 과거형은 문어에서 주로 쓰이고 현재완료형은 일상 대화나 구어에서 많이 사용된다.
sein, haben, 화법조동사 등은 지난 과거를 표현할 때 문어나 구어 모두 현재완료보다는 과거형으로 많이 사용된다.

현재 완료형: haben/sein + ... + 과거분사

본동사의 종류에 따라 조동사를 haben 또는 sein 두 가지 중 하나를 취한다.

• **haben을 취하는 동사**

- 타동사, 재귀동사, -ieren동사
예) Er hat mich angerufen.

Ich habe ein Geschenk bekommen.
Wir haben uns über Ihren Besuch sehr gefreut.
Sie hat Politik studiert.

- 자동사 중에서 장소의 이동이나 상태의 변화가 아닌 지속을 나타내는 동사

예) Das Kind hat 12 Stunden geschlafen.
Ich habe die ganze Nacht gelernt.

- 비인칭 주어를 내포하는 문장

예) Es hat gestern geregnet.

- 화법조동사

예) Ich habe früher Deutsch sprechen können.

* 화법조동사를 현재완료형으로 만들 경우 화법조동사는 과거분사 형태가 아니라 원형으로 쓰인다.

• **sein을 취하는 동사**

- 상소의 이동을 나타내는 자동사

예) Er ist nach Deutschland geflogen.
Ich bin nach Daejeon gefahren.

- 상태의 변화를 나타내는 자동사

예) Das Baby ist auf meinem Schoß eingeschlafen.
Mein Opa ist gestern gestorben.

- sein, bleiben, werden등의 동사

예) Ich bin ärgerlich gewesen.
Er ist ein Jahr in Deutschland geblieben.
Mein Bruder ist groß geworden.

>>> 형용사의 비교급

비교급은 규칙변화하는 경우에 원급에 -er를 붙여 만든다.
한 음절 형용사의 a, o, u는 ä, ö, ü로 변화한다.

예) klein-kleiner, reich-reicher, billig-billiger
jung-jünger, alt-älter, groß-größer
hoch-höher, gut-besser, viel-mehr (불규칙)

*** 비교급을 사용한 비교**
형용사의 비교급 + als

예) Mein Sohn ist kleiner als ich.
Daniel ist älter als Mina.
Deine Eltern sind konservativer als meine Eltern.

*** 동등 비교 (형용사의 원급 사용)**
so/genauso/ + 형용사 + wie

예) Mein Sohn ist so groß wie ich.
Daniel ist so alt wie Mina.
Koreanisch ist genauso schwer wie Deutsch.

Info.

>>> 건배의 말

Prost! Prosit! Zum Wohl!
Auf die Gesundheit!
Auf uns!

Übungen

1 als oder wie?

1. Deutschland ist größer ____________ Korea.
2. München ist genauso schön ____________ Hamburg.
3. Mein Lehrer ist strenger ____________ meine Eltern.
4. Ich bin mutiger ____________ mein Bruder.
5. Seine Freundin ist auch so schüchtern ____________ er.

2 다음 규칙동사들 중 빈 칸에 들어갈 동사를 골라 알맞은 형태로 쓰세요.

können arbeiten warten machen wohnen sagen

1. Du machst doch morgen eine Prüfung, nicht wahr?

   Nein, die Prüfung habe ich schon gestern ____________

2. Seit wann wohnst du eigentlich in Daejeon?

   Ich? Ich habe schon immer in Daejeon ____________

3. Kennen Sie die Firma Bosch?

   Natürlich, ich habe bei Bosch doch ein Jahr ____________

4. Warst du gestern nicht im Seminar?

   Nein, ich war krank. Was hat der Professor ____________?

5. Kannst du Deutsch sprechen?

   Ich habe früher ein bisschen Deutsch sprechen ____________, als ich in der Oberschule war.

6. Ich verabrede mich nicht mehr mit Ulrike. Sie war gestern wieder zu spät.

   Wie lange hast du denn auf sie ____________?

3 다음 불규칙동사들 중 빈 칸에 들어갈 동사를 골라 알맞은 형태로 쓰세요.

geben schlafen fernsehen anrufen fahren bekommen laufen

1. Mama, ich möchte noch fernsehen.

   Nein, du darfst heute Abend nicht mehr fernsehen. Heute Nachmittag hast du schon vier Stunden ____________

2. Ich habe kein Geld. Gibst du mir mal 10.000 Won?

   Schon wieder? Gestern habe ich dir auch 10.000 Won ____________

3. Weißt du, wo Christoph ist? Er kommt seit gestern nicht zum Unterricht.

Stimmt. Hast du ihn nicht mal ____________?

4. Ich gehe mal eine Runde laufen. Kommst du mit?

Nein, ich bin schon ____________.

5. Was ist das denn? Hast du ein Auto gekauft?

Nein, ich habe es von meiner Mutter ____________

6. Wo warst du am Wochenende?

Ich bin zu meinen Eltern nach Busan ____________

7. Wie geht es dir? Bist du nicht mehr müde?

Nein, ich bin wieder fit. Ich habe gestern 10 Stunden ____________

4 다음의 현재완료형 문장에 조동사 sein/haben를 알맞은 형태로 쓰세요.

1. Wo ist Mina? Unser Bus fährt gleich ab.

Sie ____________ schon in den Bus eingestiegen.

2. ____________ ihr gestern noch lange auf der Party geblieben?

Ja, wir ____________ bis 3 Uhr auf der Party geblieben.

3. Warst du schon mal in Deutschland?

Ja, vor drei Jahren ____________ ich nach Deutschland geflogen.

4. Kennst du Professor Seifener? Wie ist sein Seminar?

Sein Seminar ist sehr interessant. Ich ____________ schon mal sein Seminar besucht.

5. Warum kommt Hans immer allein? Wo ist seine Freundin?

Sie sind nicht mehr zusammen. Seine Freundin ____________ ihn verlassen.

6. Was? Deine Oma ist im Krankenhaus?

Ja, sie ____________ auf der Treppe gefallen

5 각 문제에 주어진 동사의 현재완료 시제를 사용해 답을 완성하세요.

1. Kommt dein Bruder morgen nach Daejeon?

〈ankommen〉

Nein, er ____________ schon vorgestern in Daejeon ____________

2. Wollen wir am Wochenende ausgehen?

〈ausgehen〉

Ja, gerne! Wir ____________ schon lange nicht mehr ____________

3. Ruf mal Oma an, und frag, wie es ihr geht.

〈anrufen〉

Ich ____________ sie schon heute Morgen ____________

4. Was möchten Sie trinken? Einen Kaffee?

〈trinken〉

Nein danke. Ich ____________ gerade einen Kaffee ____________

5. Wie bist du gestern nach Hause gekommen?

〈abholen〉

Meine Eltern ____________ mich ____________

6. Herr Ober, ich möchte bitte bezahlen.

〈bezahlen〉

Das brauchen Sie nicht. Der Herr dort drüben ____________ schon für sie ____________

6 현재완료 시제로 지난 주말을 어떻게 보냈는지 써 보세요.

____

____

____

____

____

____

하리보
Haribo

우리나라에서도 사랑 받고 있는 젤리 하리보는 우리식으로 표현하자면 독일의 국민 젤리라고 할 수 있을 정도로 남녀노소 누구나 즐겨 먹는 간식이다. Hans Riegel 이 만들었고 Bonn에 본사가 있어, 이 세 단어의 첫 음절을 따서 Haribo가 되었다고 한다. 지금의 형태로 1922년에 처음 상품화 되어 거의 100년의 역사를 지닌 젤리이다.

하리보의 유명한 광고 문구:
Haribo macht Kinder froh und Erwachsene ebenso

Lektion 14

Eine Mail an Mina

Liebe Mina,

du bist jetzt im Flugzeug. Das heißt, ich kann dich weder sehen noch anrufen, daher versuche ich, dir zum ersten Mal eine Mail zu schreiben.

Ich muss zuerst sagen, dass die zwei Wochen, in denen du in Deutschland warst, für mich eine unvergessliche Zeit bleiben werden. Nur schade, dass ich zu spät angefangen habe, ehrlich mit dir zu reden. Du fragtest mich, warum ich mit dir zusammen sein möchte. Jetzt werde ich versuchen, auf deine Frage zu antworten.

Du bist eine heitere, positive Frau, die mich glücklich macht.

Du bist eine intelligente Frau, mit der ich gern reden möchte.

Du bist eine witzige Frau, die mich immer zum Lachen bringt.

Natürlich bist du auch eine schöne Frau.

Du bist einfach ein attraktiver Mensch, mit dem ich viel Zeit verbringen und viel unternehmen möchte. Von Anfang an war ich in dich verliebt, deswegen habe ich mich entschieden, ein Jahr in Korea zu bleiben, um dich besser kennenzulernen. Ich weiß, dass für dich alles sehr plötzlich und unerwartet kommt, und dass du deswegen sehr überrascht bist. Aber du hast gesagt, dass du auch gerne Zeit mit mir verbringst. Das reicht mir. Du hast jetzt Zeit, herauszufinden, ob ich für dich ein Mann bin, mit dem du zusammen sein möchtest.

Liebe Mina,

du kannst dir nicht vorstellen, wie sehr ich dich vermisse. Ich weiß, dass wir uns in 2 Wochen schon wieder sehen, trotzdem fiel mir der Abschied auf dem Flughafen sehr schwer. Da habe ich noch einmal gemerkt, dass du für mich ein sehr wichtiger Mensch bist.

Ich hoffe, dass du momentan einen angenehmen Flug hast, und dich ein bisschen ausruhen kannst.

Mit vielen lieben Grüßen
dein Daniel

>>> 메일 쓰기

* 공적인 관계
호　칭 : Sehr geehrte(r) Frau/Herr ....
　　　　Sehr geehrte Damen und Herren (수취인이 분명하지 않을 때)
끝인사 : Mit freundlichen Grüßen
　　　　Mit herzlichen Grüßen

* 사적/친근한 관계
호　칭 : Liebe(r) 이름
끝인사 : Mit lieben Grüßen
　　　　Mit vielen lieben Grüßen
　　　　Viele Grüße

>>> weder A noch B

A, B 둘 모두 부정하는 것으로 A, B 자리에는 명사, 형용사, 동사 등이 올 수 있다.

예) Er ist weder groß noch klein.
　Ich kann dich weder sehen noch anrufen.
　Sie ist weder Koreanerin noch Japanerin. Sie ist Chinesin.

Grammatik

>>> 관계대명사

관계문이란 주문장에 나오는 사람이나 사물, 또는 주문장 전체를 받는 부문장으로 관계대명사에 의해 이끌어진다. 관계문은 콤마로 주문장과 구분되고 문장의 순서는 관계대명사가 맨 앞에 나오고 동사는 맨 마지막에 온다.

	남성	여성	중성	복수
1격	der	die	das	die
2격	dessen	deren	dessen	deren
3격	dem	der	dem	denen
4격	den	die	das	die

* 관계대명사의 형태

예) Du bist eine witzige Frau. Du bringst mich zum Lachen.
⇨ Du bist eine witzige Frau, die mich zum Lachen bringt.
Du bist der richtige Mann. Ich möchte dich heiraten.
⇨ Du bist der richtige Mann, den ich heiraten möchte.
Meine Mutter spricht mit dem Kind. Wer ist das Kind?
⇨ Wer ist das Kind, mit dem meine Mutter spricht?
Du warst zwei Wochen in Deutschland. Die zwei Wochen sind für mich unvergesslich.
⇨ Die zwei Wochen, in denen du in Deutschland warst, sind für mich unvergesslich.
Meine Tochter hat einen Freund. Sein Vater besuchte mit mir zusammen die Schule.
⇨ Meine Tochter hat einen Freund, dessen Vater mit mir zusammen die Schule besuchte.

* 선행사로 das, etwas, nichts, alles 등이 오면 관계대명사는 was로 받는다.
예) Das ist alles, was ich von dir wissen wollte.
Hier gibt es nichts, was ich brauche.

>>> 형용사 어미변화

형용사가 뒤에 오는 명사를 수식할 때 형용사는 어미변화를 하는데, 형용사 앞에 관사의 유무, 관사의 성격에 따라 세 가지 경우로 나뉜다.

1) 형용사 + 명사 (강변화)

	남성	여성	중성	복수
1격	-er	-e	-es	-e
2격	-en	-er	-en	-er
3격	-em	-er	-em	-en
4격	-en	-e	-es	-e

예) Das ist guter Wein.
Heute haben wir schönes Wetter.
Wegen schlechten Wetters wurde das Skirennen abgesagt.
Ich habe gute Laune.
Er schenkt seiner Freundin rote Rosen.

2) 정관사류 + 명사 (약변화)
정관사류 관사: dies-, jen-, solch-, welch-, all-, jed-, beid-, manch-

	남성	여성	중성	복수
1격	-e	-e	-e	-en
2격	-en	-en	-en	-en
3격	-en	-en	-en	-en
4격	-en	-e	-e	-en

예) Die Leiden des jungen Werthers

Der neue Arzt ist sehr arrogant.

Kennst du die dicke Frau, die vor dem Eingang steht?

Das neue Haus gefällt mir nicht.

Die alten Kleider meiner Mutter passen mir.

3) 부정관사류 + 명사 (혼합변화)

부정관사류: 소유관사, kein-

	남성	여성	중성	복수
1격	-er	-e	-es	-en
2격	-en	-en	-en	-en
3격	-en	-en	-en	-en
4격	-en	-e	-es	-en

예) Ein junger Mann sprach mich gestern an.

Hast du ein neues Auto?

Du bist eine attraktive Frau, mit der ich gerne zusammen sein möchte.

Er hat keine älteren Schwestern.

Info.

>>> 독일의 날씨

독일 역시 4계절이 뚜렷하다. 그런데 여름은 우리보다 기온이 높으나 습도가 높지 않아 그리 덥게 느껴지지 않고, 겨울에는 기온상으로는 그리 낮지 않지만 해가 잘 안 나고 습하기 때문에 더 춥게 느껴진다. 4월은 변덕스러운 날씨로 유명하고 11월은 구름 많고, 춥고, 어둡고, 음울한 날씨로 유명하다.

예) Heute haben wir richtiges Aprilwetter.

Heute ist typisches Novemberwetter.

Übungen

1 빈 칸에 알맞은 관계대명사를 쓰세요.

1. Meine Enkel, __________ draußen spielen möchten, müssen zu Hause lernen.
2. Da ist etwas, __________ mich stört.
3. Da kommt die Professorin, __________ Namen ich vergessen habe.
4. Alte Leute, __________ allein leben, haben oft Depressionen.
5. Ist das die Sekretärin, __________ immer zu spät kommt?

2 다음 두 문장을 관계문으로 만드세요.

1. Das sind meine Großeltern.
   Sie wohnen bei uns.
   ⇨ ______________________________

2. Das ist mein neues Auto.
   Ich habe dafür mein ganzes Geld ausgegeben.
   ⇨ ______________________________

3. Da kommt mein Student.
   Sein Vater ist vor zwei Wochen gestorben.
   ⇨ ______________________________

4. Wir kennen hier eine Familie.
   Unsere Kinder besuchen sie oft.
   ⇨ ______________________________

3 빈 칸에 알맞은 전치사와 관계대명사를 쓰세요.

1. Das waren Freunde, _______ _______ ich viel Spaß hatte.
2. Das ist die Frau, _______ _______ ich verliebt war.
3. Da kommt mein Freund, _______ _______ ich so lange gewartet habe.

4. Nächste Woche machen wir eine Reise, _______ _______ ich mich freue.

5. Das ist mein altes Zimmer, _______ _______ ich meine Jugend verbrachte.

4 다음 형용사들 중 빈 칸에 들어갈 형용사를 골라 알맞은 형태로 쓰세요.

gut dick schwarz gut weiß rot klein

1. Hast du mein Handy gesehen?

   Ist es schwarz? Hier liegt ein __________ Handy.

2. Ich habe gestern im Kaufhaus einen Rock gesehen. Aber er ist rot.

   Super! Ein __________ Rock passt doch gut zu deiner neuen Bluse!

3. Wie findest du dieses Kleid? Ich bin ja bei einer Hochzeit eingeladen.

   Das ist doch weiß. Man geht doch nicht im __________ Kleid zur Hochzeit.

4. Ist das Zimmer nicht zu klein für dich?

   Nein, __________ Zimmer gefallen mir.

5. Der Wein ist aber billig. Wird er auch gut schmecken?

   Ja, natürlich. __________ Wein muss nicht teuer sein.

6. Ich möchte im Flugzeug nicht neben Herrn Meißner sitzen. Er ist zu dick.

   Meinst du, dass die __________ Leute nicht fliegen sollen?

7. Die Leute gehen jetzt nur noch zum Supermakt. Der ist eben neu.

   Ja, ich gehe auch dahin. Im __________ Supermarkt ist alles billiger und frischer.

5 형용사의 어미를 알맞게 쓰세요.

1. Rot____ Wein passt gut zu Fleisch.
2. Weiß____ Wein passt gut zu Fisch.
3. Jung____ Leute mögen modern____ Musik.

4. Ich helfe immer den neu____ Mitarbeitern.

5. Die Firma sucht eine neu____ Sekretärin.

6. Er hat einen streng____ Vater.

7. Wir haben gestern den ganz____ Tag geplaudert.

8. Ich wünsche dir einen schön____ Abend!

9. Das alt____ Kleid passt mir nicht mehr.

10. Das Studium macht mir groß____ Spaß.

11. Bei der Prüfung bekam ich eine gut____ Note.

12. Ich hatte mit meinem Professor ein lang____ Gespräch.

독일의 강
Flüsse in Deutschland

독일에는 Rhein, Donau, Elbe, Inn, Oder, Weser, Mosel, Salzach, Main, Isar, Neckar, Aller, Lech, Saale, Havel 등의 강이 흐르는데 독일 내에서 가장 긴 강은 라인강이다. 라인강 가의 높은 언덕에서 머리를 빗으며 노래를 불러 뱃사공을 홀렸다는 전설을 담은 하이네의 시를 가사로 한 노래 〈로렐라이〉는 우리나라에서도 유명하다.

▶ 독일의 강들

라인강(**der Rhein**)

Loreley
Heinrich Heine

Ich weiß nicht was soll es bedeuten,
Dass ich so traurig bin;
Ein Märchen aus uralten Zeiten,
Das kommt mir nicht aus dem Sinn.

Die Luft ist kühl und es dunkelt,
Und ruhig fließt der Rhein;
Der Gipfel des Berges funkelt
Im Abendsonnenschein.

Die schönste Jungfrau sitzet
Dort oben wunderbar;
Ihr gold'nes Geschmeide blitzet,
Sie kämmt ihr goldenes Haar.(...)

네카강

마인강

엘베강

Lektion 15

10 Jahre später

Lieber Daniel,
ich habe gehört, du seiest erkältet. Geht es dir besser?
Hier ist das Wetter wirklich sehr schön, wie ein Frühling sein muss.
Ich habe heute Mina getroffen und von euren guten Neuigkeiten erfahren. Herzlichen Glückwunsch! Als ich gebeten wurde, Trauzeugin bei eurer Hochzeit zu sein, war ich sehr gerührt und habe sofort zugesagt. Mina meinte, wenn ich nicht da gewesen wäre, hättet ihr euch gar nicht kennegelernt, daher wäre ich die perfekte Trauzeugin. Aber dann erfuhr ich, dass die Hochzeit in Deutschland gefeiert wird. Ich würde so gerne zu eurer Hochzeit

nach Deutschland fliegen. Aber im August kann ich leider nicht, denn ich bin im August hochschwanger. Heute wollte ich Mina erzählen, dass ich im vierten Monat schwanger bin. Kannst du dir vorstellen, wie sehr ich bei der Hochzeit sein möchte?
Ich meine, das ist die Hochzeit meiner besten Freundin. Und ich habe alles mitbekommen, wie ihr trotz allen Schwierigkeiten eure Beziehung weiter entwickelt habt. Allein davor, dass ihr diese Fernbeziehung seit 10 Jahren führt und weiter führen werdet, habe ich Hochachtung. Naja, das Genauere bereden wir, wenn du wieder in Korea bist, ok?
Ich wollte dir nur auf diese Weise persönlich sagen, wie gern ich Trauzeugin bei eurer Hochzeit wäre, und dass ich sehr gerührt bin, weil ihr an mich gedacht habt.
Dann mach's gut und gute Besserung!

Liebe Grüße
Hannah

>>> 서수

서수는 순서를 나타내는 수로 뒤에 오는 명사를 수식한다.
1-19까지는 기수에 -t, 20부터는 -st의 형태를 취하며 형용사 어미 변화한다.

1. erst	2. zweit	3. dritt	4. viert	5. fünft
6. sechst	7. siebt	8. acht	9. neunt	10. zehnt
11. elft	12. zwölft	13. dreizehnt	14. vierzehnt	15. fünfzehnt
16. sechzehnt	17. siebtzehnt	18. achtzehnt	19. neunzehnt	20. zwanzigst
21. einundzwanzigst		22. zweiundzwanzigst		101. hunderterst

Der wievielte ist heute?
Heute ist der 21. (einundzwanzigste) April.

Den wievielten haben wir heute?
Heute haben wir den 18. (achtzehnten) Dezember.

Herzlichen Glückwunsch zum 20. (zwanzigsten) Geburtstag!

>>> hätte gern...

접속법 2식의 공손하게 부탁을 표현한 것으로 주문이나 부탁할 때 사용할 수 있다.
Ich hätte gern ein Kilo Rindfleisch.
Ich hätte gern einen Orangensaft.

Grammatik

>>> 수동태

*** 수동태 (현재)**
- werden ... + 과거분사

능동태의 목적어 → 수동태의 주어
능동태의 주어 → 수동태에서 von+3격.

Mein Bruder fotografiert mich.
⇨ Ich werde von meinem Bruder fotografiert.

* **수동태 (현재완료)**

sein + ... + 과거분사 + worden.

수동 조동사로 쓰인 werden의 과거분사 - geworden (×) worden (○)

Ich habe den Unfall beobachtet.

⇨ Der Unfall ist von mir beobachtet worden.

* von + 3격은 일반적인 사람이거나, 당연하거나 중요하지 않을 경우 생략된다.

Meine Mutter wird ständig angerufen.

Ein neues Haus wird gebaut.

Die Kneipe wird jede Nacht gut besucht.

>>> 접속법

접속법에는 I식과 II식이 있다. 접속법 I식은 다른 사람이 한 말을 옮기는 간접화법이다.
접속법 II식은 비현실이나 가정 사실을 표현하는 가정법이다.

현재형, 과거형, 접속법 인칭별 어미형태

	현재형 어미	과거형 어미	접속법 어미
ich	-e	-	-e
du	-st	-st	-est
er, sie, es	-t	-	-e
wir	-en	-en	-en
ihr	-t	-t	-et
sie/ Sie	-en	-en	-en

• **접속법 I식**

주로 간접화법이나 기원문에 사용된다.

* 접속법 I식은 동사의 어간에 접속법 어미를 붙인다.

Er fragte mich, ob ich zur Party kommen könne.

Mein Freund sagt, dass er keine Zeit habe.

Meine Freunde sagen, dass ich reich sei.

(sein 동사는 접속법 I식 1인칭, 3인칭 단수에서 sei를 사용한다.)

* 접속법 I식 형태가 직설법 현재형과 동일할 때는 I식 대신 II식을 사용한다.

Meine Eltern denken, dass ich viel Geld habe.

⇨ Meine Eltern denken, dass ich viel Geld hätte.

• **접속법 II식**

공손한 표현이나, 부탁, 비현실적인 조건, 소망, 가정 상황 등을 표현할 때 사용된다.

* 접속법 II식의 현재

접속법 II식의 형태는 과거형에서 파생된다.

- 규칙동사: 과거형 + 접속법 인칭어미
- 불규칙동사: 과거형 (+변모음)+ 접속법 인칭어미

접속법 II식 형태가 직설법 과거가 일치할 경우 〈würden + ... 동사원형〉의 형태를 사용하는데 오늘날 독일어에서는 간편하게 대부분 이 형태를 사용하고 몇몇 동사들(화법조동사, sein, haben 동사 등)만 접속법 II식의 형태를 쓴다.

예) Wenn ich viel Geld hätte, würde ich mir ein Auto kaufen.
Wenn meine Mutter da wäre, würde sie mir helfen.

* 접속법 II식의 과거

wäre/hätte + ... 과거분사

예) Wenn Daniel Mina nicht getroffen hätte, wäre Daniel nicht in Korea geblieben.
Wenn Hannah nicht da gewesen wäre, wären Mina und Daniel nicht zusammen gekommen.

Info.

>>> 독일에서의 결혼

독일에서 결혼은 혼인청 Standesamt에서 이루어진다.

물론 교회/성당에서도 식을 올리지만 법적인 효력을 지니려면 반드시 혼인청에서의 결혼의식이 필요하다.

결혼을 원하면 혼인청에 서류신청을 하고 심사 통과 후 결혼을 할 수 있다. 일반적으로 혼인청에 딸린 작은 예식홀에서 열리는데 혼인청 소속 공무원(Standesbeamte)이 신랑(Bräutigam), 신부(Braut), 증인들(Trauzeugen)의 신상을 확인한 후 혼인 서약서에 서명하면 결혼이 성립된다.

Übungen

1 보기와 같은 대화가 될 수 있도록 빈 칸을 채워 문장을 완성하세요.

- Bericht schreiben
A : Wo ist der Bericht?
B : Der ist noch nicht fertig. Der wird gerade geschrieben.
A : Ach so, ich dachte, der sei schon fertig.

1. Auto waschen

A : Wo ist das Auto?

B : Das ist noch nicht fertig. Das __________ gerade __________

A : Ach so, ich dachte, das __________ schon fertig.

2. Fabrik bauen

A : Wo ist die Fabrik?

B : Die ist noch nicht fertig. Die __________ gerade __________

A : Ach so, ich dachte, die __________ schon fertig.

3. Buch übersetzen

A: Wo ist das Buch?

B: Das ist noch nicht fertig. Das __________ gerade __________

A : Ach so, ich dachte, das __________ schon fertig.

4. Essen kochen

A : Wo ist das Essen?

B : Das ist noch nicht fertig. Das __________ gerade __________

A : Ach so, ich dachte, das __________ schon fertig.

2 보기의 문장처럼 수동태의 현재완료형으로 문장을 만드세요.

> - Bewerbung annehmen
> ⇨ Meine Bewerbung ist angenommen worden.

1. Urlaub verlängern

⇨ ______________________________

2. Bild verkaufen

⇨ ______________________________

3. Gepäck finden

⇨ ______________________________

4. Buch übersetzen

⇨ ______________________________

3 각 문제에 주어진 구문을 사용해 보기의 문장처럼 만드세요.

> - die Entscheidung, keinen neuen Flughafen zu bauen
> ⇨ Es wurde entschieden, dass kein neuer Flughafen gebaut wird.

1. das Verbot, im Stadtzentrum mit dem Auto zu fahren

⇨ ______________________________

2. die Entscheidung, in der Schule keinen Unterricht abends nach 18 Uhr zu geben

⇨ ______________________________

3. das Verbot, ein noch höheres Hochhaus zu bauen

⇨ ______________________________

4. die Entscheidung, keine Zigaretten an der Uni zu verkaufen

⇨ ______________________________

4 각 문제에 주어진 문장을 보기처럼 접속법 2식을 사용해 공손하게 표현하세요.

- Schicken Sie uns die Fotos!
⇨ Könnten Sie uns die Fotos schicken?

1. Gib mir das Buch zurück!

⇨ ______________________________

2. Bleibt doch bis morgen bei uns!

⇨ ______________________________

3. Leihen Sie mir Ihr Handy!

⇨ ______________________________

4. Nimm mich im Auto mit!

⇨ ______________________________

5 각 문제에 주어진 동사를 접속법을 사용해 공손하게 표현하세요.

1. - haben

_____________ Sie jetzt kurz Zeit?

2. - sein - können

Es _____________ schön, wenn er bei uns arbeiten _____________

3. - haben

_____________ ihr Lust, schwimmen zu gehen?

4. - sein

_____________ du so nett, mich morgen abzuholen?

6 다음 보기의 글을 읽고 접속법 2식으로 바꾸어 써보세요.

> Meine Frau ist Ärztin. Sie muss sehr viel arbeiten. Sie kann nicht jeden Abend zu Hause sein. Wir sehen uns zu wenig. Sie hat kaum Zeit für die Kinder. Ich bin nicht glücklich darüber.

Wenn meine Frau nicht Ärztin ________, dann ________ sie nicht so viel arbeiten. Sie ________ jeden Abend zu Hause ________. Wir ________ uns öfter ________. Sie ________ auch mehr Zeit für die Kinder. Dann ________ ich sehr glücklich.

> Mein Handy war kaputt und es gab auch keine Telefonzelle. Ich konnte meinen Freund nicht anrufen. Er war sauer auf mich.

Wenn mein Handy nicht kaputt ________ ________ und es eine Telefonzelle ________ ________, ________ ich meinen Freund ________. Dann ________ er nicht sauer auf mich ________.

오스탈기와 구동독의 신호등사람
Ostalgie und Ostampelmännchen

오스탈기 Ostalgie는 〈동쪽 Ost〉 과 〈향수 Nostalgie〉를 합쳐 만든 신조어로 구동독 시절의 삶에 대해 갖는 그리움을 뜻한다. 흡수통일이 되며 생필품을 비롯하여 모든 것이 서독 것으로 교체되는 가운데 동독의 신호등도 역시 점차적으로 서독의 신호등으로 교체되었다. 이에 반대 운동이 일어나 예전의 동독 신호등사람을 돌려달라는 요구가 거세졌고, 구동독의 신호등도 정식 신호등으로 받아들여져 이제는 서독 지역의 많은 곳에서도 이 신호등사람을 사용하고 있다. 동독신호등은 좋아하는 팬들이 많아져 상품화 되었고, 이외에도 구동독의 다양한 물건들이 기념품으로 만들어져 인기리에 팔리고 있다.

▶ 다양한 구동독 신호등들

구동독 기념품을 파는 바이마르의 상점

구동독 신호등의 열쇠고리와 엽서

부록

불규칙 동사

모범답안

단어정리

불규칙 동사

동사원형과 동사의미	현재형 3인칭	과거형 3인칭	완료형 3인칭 ( )는 조동사로 쓰일때
backen (오븐에) 굽다	backt /bäckt	backte /buk	hat gebacken
beginnen 시작하다	beginnt	begann	hat begonnen
beißen 깨물다	beißt	biss	hat gebissen
beweisen 증명하다	beweist	bewies	hat bewiesen
bewerben 신청하다	bewirbt	bewarb	hat beworben
biegen 구부리다	biegt	bog	hat/ ist gebogen
bieten 제공하다	bietet	bot	hat geboten
binden 묶다	bindet	band	hat gebunden
bitten 부탁하다	bittet	bat	hat gebeten
bleiben 머물다	bleibt	blieb	ist geblieben
braten (프라이팬에) 굽다	brät	briet	hat gebraten
brechen 단절하다/깨지다	bricht	brach	hat/ist gebrochen
brennen 불타다	brennt	brannte	hat gebrannt
bringen 가져오다	bringt	brachte	hat gebracht
denken 생각하다	denkt	dachte	hat gedacht
dürfen ...해도 좋다 (허가)	darf	durfte	hat gedurft (dürfen)
empfehlen 추천하다	empfiehlt	empfahl	hat empfohlen
erschrecken 놀래키다	erschrickt	erschrak	ist erschrocken
essen 먹다	isst	aß	hat gegessen
fahren 타고 가다/ 운전하다	fährt	fuhr	hat/ ist gefahren
fallen 떨어지다	fällt	fiel	ist gefallen
fangen (떨어지는 것) 잡다	fängt	fing	hat gefangen
finden 발견하다	findet	fand	hat gefunden
fliegen 날다	fliegt	flog	hat/ ist geflogen

fliehen 도망치다	flieht	floh	ist geflohen
fließen 흐르다	fließt	floss	ist geflossen
fressen (동물이) 먹다	frisst	fraß	hat gefressen
frieren 얼다/ 춥다고 느끼다	friert	friert	hat/ ist gefroren
geben 주다	gibt	gab	hat gegeben
gehen 가다	geht	ging	ist gegangen
gelingen 성공하다	gelingt	gelang	ist gelungen
gelten 유효하다/ 해당하다	gilt	galt	hat gegolten
geschehen (사건이) 일어나다	geschieht	geschah	ist geschehen
gewinnen 이기다	gewinnt	gewann	hat gewonnen
gießen (액체를) 붓다/ 주다	gießt	goss	hat gegossen
haben 가지다	hat	hatte	hat gehabt
halten 멈추다/ 붙잡다	hält	hielt	hat gehalten
hängen 걸다/ 걸려있다	hängt	hing	hat gehangen
heben 들어올리다	hebt	hob	hat gehoben
heißen 이름이...이다/ 명령하다	heißt	hieß	hat geheißen
helfen 돕다	hilft	half	hat geholfen
kennen (사람을) 알다	kennt	kannte	hat gekannt
klingen 울리다	klingt	klang	hat geklungen
kommen 오다	kommt	kam	ist gekommen
können 할 수 있다	kann	konnte	hat gekonnt (können)
laden 싣다	lädt	lud	hat geladen
lassen ...하게 두다/ 시키다	lässt	ließ	hat gelassen (lassen)
laufen 걷다/ 달리다	läuft	lief	ist gelaufen
leiden 고통받다	leidet	litt	hat gelitten
leihen 빌리다	leiht	lieh	hat geliehen
lesen 읽다	liest	las	hat gelesen
liegen 누워 있다/ ...에 있다	liegt	lag	hat gelegen

messen 측정하다/ 재다	misst	maß	hat gemessen
mögen 좋아하다	mag	mochte	hat gemocht (mögen)
müssen ...해야 한다 (의무)	muss	musste	hat gemusst (müssen)
nehmen 가져가다/ 선택하다	nimmt	nahm	hat genommen
nennen ...를...라고 부르다	nennt	nannte	hat genannt
pfeifen 휘파람 불다	pfeift	pfiff	hat gepfiffen
raten 충고하다	rät	riet	hat geraten
reiten (말을) 타다	reitet	ritt	hat/ ist geritten
riechen ...냄새가 나다	riecht	roch	hat gerochen
rufen ...를 부르다/ 외치다	ruft	rief	hat gerufen
scheiden 갈라놓다/헤어지다	scheidet	schied	hat/ist geschieden
scheinen 빛이 나다	scheint	schien	hat geschienen
schieben 밀다	schiebt	schob	hat geschoben
schießen (총, 포탄을) 쏘다	schießt	schoss	hat geschossen
schlafen 자다	schläft	schlief	hat geschlafen
schlagen 때리다	schlägt	schlug	hat geschlagen
schließen 잠그다	schließt	schloss	hat geschlossen
schmelzen 녹다	schmilzt	schmolz	hat/ ist geschmolzen
schneiden 자르다	schneidet	schnitt	hat geschnitten
schreiben 쓰다	schreibt	schrieb	hat geschrieben
schweigen 침묵하다	schweigt	schwieg	hat geschwiegen
schwimmen 헤엄치다	schwimmt	schwamm	hat/ ist geschwommen
sehen 보다	sieht	sah	hat gesehen
sein ...이다/ ...있다	ist	war	ist gewesen
senden 보내다	sendet	sandte	hat gesandt/ gesendet
singen 노래 부르다	singt	sang	hat gesungen
sinken 가라앉다/ 감소하다	sinkt	sank	ist gesunken
sitzen 앉아 있다	sitzt	saß	hat gesessen

sollen ...해야 한다 (당위)	soll	sollte	hat gesollt (sollen)
sprechen 말하다	spricht	sprach	hat gesprochen
springen (깡충) 뛰다/ 뛰어오르다	springt	sprang	ist gesprungen
stehen 서 있다	steht	stand	hat gestanden
stehlen 훔치다	stiehlt	stahl	hat gestohlen
steigen 오르다	steigt	stieg	ist gestiegen
sterben 죽다	stirbt	starb	ist gestorben
stoßen 던지다	stößt	stieß	hat/ ist gestoßen
streiten 싸우다	streitet	stritt	hat gestritten
tragen 들고 다니다/ 입다	trägt	trug	hat getragen
treffen 만나다	trifft	traf	hat getroffen
treiben 몰다/ 행하다	treibt	trieb	hat/ ist getrieben
treten 밟다	tritt	trat	hat/ ist getreten
trinken 마시다	trinkt	trank	hat getrunken
tun 하다	tut	tat	hat getan
vergessen 잊다	vergisst	vergaß	hat vergessen
verlieren 잃다	verliert	verlor	hat verloren
verschwinden 사라지다	verschwindet	verschwand	ist verschwunden
wachsen 자라다/ 성장하다	wächst	wuchs	ist gewachsen
waschen 씻다	wäscht	wusch	hat gewaschen
wenden 뒤집다	wendet	wandte	hat gewandt
werden ...이 되다	wird	wurde	ist geworden (worden)
wiegen 무게가...나가다	wiegt	wog	hat gewogen
wissen (사실을) 알다	weiß	wusste	hat gewusst
wollen 원하다	will	wollte	hat gewollt (wollen)
ziehen 끌다/ 잡아당기다	zieht	zog	hat gezogen
zwingen 강요하다	zwingt	zwang	hat gezwungen

모범답안

» Lektion 02

1

	lernen 배우다	gehen 가다	machen 만들다/하다	hören 듣다	lieben 사랑하다	trinken 마시다
ich	lerne	gehe	mache	höre	liebe	trinke
du	lernst	gehst	machst	hörst	liebst	trinkst
er sie es	lernt	geht	macht	hört	liebt	trinkt
wir	lernen	gehen	machen	hören	lieben	trinken
ihr	lernt	geht	macht	hört	liebt	trinkt
sie Sie	lernen	gehen	machen	hören	lieben	trinken

2 1. ich 2. sie 3. ihr 4. er

3 1. Er 2. Er 3. Er 4. Ich 5. Ich 6. Er. 7. Er 8. Er

4 1. t 2. e 3. t 4. t 5. t 6. e 7. t

5 1. bin, ist 2. Seid 3. Sind 4. Bist 5. sind

6 1. ich komme aus München.
2. (예시)ich wohne in Daejeon.
3. (예시)ich heiße Choi. 4. ich studiere Germanistik

7 (예시) 1. Ich heiße Gildong Hong. 2. Ich komme aus Seoul. 3. Ich studiere Medizin. 4. Ich lerne Deutsch.

» Lektion 03

1 aus, Woher, Aus, in, Wo, in, Was, Was, auch, Wie

2 1. Wie-b 2. Woher-g 3. Wie-f 4. Was-a 5. Wo-d 6. Was-c

3 1. Wohin 2. Wo 3. Wer 4. Was 5. Woher 6. Wie 7. Wann 8. Warum

» Lektion 04

1 1. Sein, Er, Seine, sie 2. Ihre, Sie

2

	sein	haben	wissen	fahren	essen	lesen
ich	bin	habe	weiß	fahre	esse	lese
du	bist	hast	weißt	fährst	isst	liest
er sie es	ist	hat	weiß	fährt	isst	liest
wir	sind	haben	wissen	fahren	essen	lesen
ihr	seid	habt	wisst	fahrt	esst	lest
sie Sie	sind	haben	wissen	fahren	essen	lesen

3 1. Fährst 2. Isst 3. liest 4. Hast 5. Sprichst 6. weiß 7. schläft

4 (예시) 1. Ich habe einen Bruder. 2. Ich spreche Englisch und Deutsch. 3. Ich esse gerne Schnitzel.

» Lektion 05

1 1. zwölf 2. siebzehn 3. neununddreißig 4. vierhundert 5. siebenhundertdreiundsechzig 6. fünfhundertsechzehn 7. sechshundertsiebenundvierzig 8. neunhundertachtzig 9. eintausendeins/ tausendeins

2 1. 25 2. 53 3. 48 4. 22 5. 27 6. 21 7. 49

3 (예시) 1. fünfundzwanzig 2. neunzehnhundertneunzig 3. sechsundfünfzig 4. achtundvierzig 5. neunundzwanzig 6. nulleins null einszweidreivier fünfsechssiebenacht

4 Sonntag / Montag / Dienstag / Mittwoch / Donnerstag / Freitag/ Samstag

5 Januar / Februar / März / April / Mai / Juni / Juli / August/ September / Oktober / November / Dezember

6 1. Es ist fünf vor halb eins. 2. Es ist Viertel vor zehn. 3. Es ist zehn nach sieben. 4. Es ist fünf vor zwölf. 5. Es ist halb drei. 6. Es ist Viertel nach zehn.

» Lektion 06

1 1. einen, einen, der 2. ein, einen, eine, die

2 1. die, keine 2. das, kein 3. das, kein 4. den, keinen

3 1. dir 2. ihn 3. ihnen 4. ihr 5. sie, mich 6. mir

4 1. nicht 2. keinen 3. nicht 4. nicht 5. nicht 6. keine

5 1. Was kostet der Rucksack? Der Rucksack(Er) kostet 500 Euro. 2. Was kostet das Heft? Das Heft(Es) kostet 11 Euro. 3. Was kostet der Apfel? Der Apfel (Er) kostet 2 Euro. 4. Was kostet das Fahrrad? Das Fahrrad (Es) kostet 340 Euro.

6 1. Doch, ich bin Student/in. 2. Doch, ich habe Geschwister. 3. Doch, ich habe einen/eine Freund/Freundin. 4. Doch, sie wohnen in Daejeon. 5. Doch, ich habe Zeit.

» Lektion 07

1 1. Klavierspieler 2. Maler 3. Fußballspieler 4. Koch 5. Sänger 6. Tänzer

2 1. möchte, möchtest, möchte, möchten 2. kann, kannst, kann, können, können 3. muss, musst, muss, Müssen 4. will, willst, will, wollen

3 kann, Darf, möchte/will, darf, muss, möchte, musst

4 1. darf 2. kann 3. muss 4. muss 5. dürfen

» Lektion 08

1 1. Siehst 2. Kommst, fängt, fangen 3. lade, lädst lade 4. fährt, fängt, kommt, lädt, kommt

2 aus, mit, aus, vor, an, mit

3 besuchen 방문하다, zumachen 닫다, mitkommen 함께 가다/오다, anrufen 전화를 걸다, vorhaben 계획하다, aufstehen 일어나다, abfahren 출발하다/떠나다

4 1. machen, zu 2. ruft, an 3. kauft, ein 4. besuchst, X 5. Hast, vor 6. erklärt, X

5 1. Nimm Platz, Nehmt Platz, Nehmen Sie Platz 2. Ruf mich an, Ruft mich an, Rufen Sie mich an 3. Geh ins Bett, Geht ins Bett, Gehen Sie ins Bett

» Lektion 09

1 1. mit dem Taxi 2. mit der U-Bahn 3. mit der Straßenbahn 4. mit dem Fahrrad

2 1. für 2. aus, der 3. bei, mit, einer 4. Nach, dem 5. Um 6. zu 7. Seit 8. Ohne

3 1. noch, schon, erst 2. auch 3. doch 4. nur

4 1. em 2. er 3. em 4. e 5. e 6. r 7. e 8. en 9. ie 10. er 11. er, m

» Lektion 10

1 1. dem 2. den 3. dem 4. das 5. der 6. die

2 1. In die, in der, in den 2. in die, im, in der, zu 3. ins, ins

3 dem, dem, dem, der, den, der, das, dem

4 1. Wenn, weil 2. denn 3. ob 4. dass 5. dass 6. deshalb

5 1. a 2. d 3. b 4. c

6 1. Ich will nicht schlafen, bis der Film zu Ende ist. 2. Er geht heute Abend wieder aus, obwohl er morgen viele Prüfungen hat. 3. Wir wissen nicht, ob wir in Europa Urlaub machen. 4. Ich trinke heute Abend noch einen Kaffee, damit ich noch lange lernen kann. 5. Sie kann heute nicht ausgehen, weil sie eine Erkältung hat. 6. Ich kann spülen, während ich telefoniere. 7. Wenn das Wetter morgen schlecht ist, machen wir keinen Ausflug. 8. Seit er eine Freundin hat, hat er keine Zeit für uns.

» Lektion 11

1 1. Wie komme ich zur Bushaltestelle? Gehen Sie geradeaus und dann nach links. 2. Wie komme ich zur Universität? Gehen Sie hier nach links. 3. Wie komme ich zur Telefonzelle? Gehen Sie hier nach rechts. 4. Wie komme ich zur Kirche? Gehen Sie hier nach rechts.

2 1. sich, mich 2. dich, mich 3. sich 4. mich 5. dich 6. euch, uns 7. mich, dich 8. sich

3 1. d 2. a 3. c 4. e 5. b

4 1. Worauf wartest du? Ich warte auf den Bus. 2. Auf wen warten Sie? Ich warte auf meinen Vater. 3. Für wen kauft er das Geschenk? Er kauft das Geschenk für seine Freundin 4. Worüber redet er? Er redet von seinem Haus. 5. Ich verdiene Geld, um nach Europa zu reisen. 6. Sie ruft ihn an, um ihn einzuladen.

» Lektion 12

1 warst, war, warst, waren, war, wart, waren

2 warst, war, hattest, hatte, konnte

3 1. Nachts lassen meine Eltern mich nicht ausgehen. 2. Ich werde dich sehr vermissen. 3. Lass mich in Ruhe arbeiten. 4. Ich werde dich nach Hause bringen.

4 5, 2, 1, 6, 3, 4

5 1. Ich wollte Kunst studieren. 2. Er kam zu spät zur Uni. 3. Wir hatten kein Geld. 4. Konntest du deine Mutter verstehen? 5. Durftet ihr arbeiten? 6. Es gab hier einen Tisch.

» Lektion 13

1 1. als 2. wie 3. als 4. als 5. wie

2 1. gemacht 2. gewohnt 3. gearbeitet 4. gesagt 5. können 6. gewartet

3 1. ferngesehen 2. gegeben 3. angerufen 4. gelaufen 5. bekommen 6. gefahren 7. geschlafen

4 1. ist 2. seid, sind 3. bin 4. habe 5. hat 6. ist

5 1. ist, angekommen 2. sind, aus gegangen 3. habe, angerufen 4. haben, getrunken 5. haben, abgeholt 6. hat, bezahlt

6 (예시) Am Samstag hatte mein Vater Geburtstag. Ich bin mit meinen Eltern ins Kino gegangen. Wir haben im Kino eine Komödie gesehen. Danach sind wir ins Restaurant gegangen und haben dort gegessen. Meine Mutter hat meinem Vater eine Uhr geschenkt und ich habe ihm einen Gürtel geschenkt. Mein Vater hat sich über unsere Geschenke sehr gefreut. Wir sind sehr spät nach Hause zurückgekommen.

» Lektion 14

1 1. die 2. das 3. deren 4. die 5. die

2 1. Das sind meine Großeltern, die bei uns wohnen. 2. Das ist mein neues Auto, für das ich mein ganzes Geld ausgegeben habe. 3. Da kommt mein Student, dessen Vater vor zwei Wochen gestorben ist. 4. Wir kennen hier eine Familie, die unsere Kinder oft besuchen.

3 1. mit denen 2. in die 3. auf den 4. auf die 5. in dem

4 1. schwarzes 2. roter 3. weißen 4. kleine 5. guter 6. dicken 7. guten

5 1. er 2. er 3. e, e 4. en 5. en 6. en 7. en 8. en 9. e 10. en 11. e 12. es

» Lektion 15

1 1. wird, repariert, sei 2. wird, gebaut, sei 3. wird, geschrieben, sei 4. wird, gekocht, sei

2 1. Der Urlaub ist verlängert worden. 2. Das Bild ist verkauft worden. 3. Das Gepäck ist gefunden worden. 4. Das Buch ist übersetzt worden.

3 1. Es wurde verboten, dass im Stadtzentrum Auto gefahren wird. 2. Es wurde entschieden, dass abends nach 18 Uhr in der Schule kein Unterricht gegeben wird. 3. Es wurde verboten, dass ein höheres Hochhaus gebaut wird. 4. Es wurde entschieden, dass an der Uni keine Zigaretten verkauft werden.

4 1. Könntest du mir das Buch zurückgeben? 2. Könntet ihr bis morgen bei uns bleiben? 3. Könnten Sie mir Ihr Handy leihen? 4. Könntest du mich im Auto mitnehmen?

5 1. Hätten 2. wäre, würde 3. Hättet 4. Wärest

6 wäre, müsste, könnte, sein, würden, sehen, hätte, wäre, gewesen, wäre, gegeben, hätte, hätte, angerufen, wäre, gewesen

단어정리

i. 자동사, t. 타동사, a. 형용사, adv. 부사, cj. 접속사, prn. 대명사, prp. 전치사, pl. 복수, m. 남성, f. 여성, n. 중성

A

Abend m. 밤, 저녁
Abendessen n. 저녁식사
aber cj. 그러나
abfahren i. 출발하다, 떠나다
abholen t. ~를 데리러 가다
absagen t. 취소하다
Abschied m. 작별, 이별
Affe m. 원숭이
allein adv. 홀로, 단독으로
Alphabet n. 알파벳
alt a. 늙은, 나이든
Alter n. 나이, 연령
an prp. ~옆에(3,4격)
Anfang m. 처음, 시작
anfangen t. 시작하다
angenehm a. 즐거운, 유쾌한
ankommen i. 도착하다
annehmen t. 수령하다, 받다
anrufen t. 전화를 걸다
ansprechen t. 말을 걸다
antworten t. ~대답하다(~에 auf)
Apfel m. 사과
Apparat m. 전화기, 장치, 기계
April m. 4월
Arbeit f. 노동, 일
arbeiten i. 일하다, 노동하다
Architekt m. 건축가, 건축기사
Arm m. 팔
arrogant a. 건방진, 거만한
Arzt m. 의사
attraktiv a. 매력적인
auch adv. 또한, 역시
auf prp. ~위에(3,4격)
Aufenthalt m. 체류지, 체류
aufmachen t. 열다
aufstehen i. 일어서다, 기상하다
Auge n. 눈, 안구
August m. 8월
aus prp. ~출신의, ~ 밖으로(3격)
Ausflug m. 소풍
Ausgang m. 출구
ausgehen i. 나가다, 외출하다
ausgezeichnet a. 훌륭한, 탁월한
Ausländer m. 외국인
ausruhen (sich) 쉬다
ausschalten t. (전원을) 끄다
Aussprache f. 발음
Auto n. 자동차
Autobahn f. 고속도로

B

backen t. (빵을) 굽다
Badezimmer n. 욕실
Bahn f. 길, 철도
Bahnhof m. 정거장, 역
Ball m. 공
Bank f. 은행
Bauch m. 배, 복부
bauen t. 건설하다
Baum m. 나무
beginnen t. 시작하다
bei prp. 곁에, ~할 때(3격)
beibringen 가져오다, 가르치다
beide prn. 양쪽의, 쌍방의
Bein n. 다리
bekommen t. ~을 얻다, 받다
beobachten t. ~을 관찰하다
bereden t. 논의하다, 협의하다
Bericht m. 보도, 알림
besser a. 더 좋은
Besserung f. 개선, 회복
bestimmt a. 분명한 badv. 분명히
Besuch m. 방문
besuchen t. 방문하다
Bett n. 잠자리, 침대
bevor cj. ~하기전에, ~에 앞서
Bewerbung f. 지망, 지원, 지원서
bezahlen t. 지불하다
Beziehung f. 관계
Bibliothek f. 도서관
Bild n. 그림, 사진
billig a. 싼, 저렴한
bis prp. cj ~까지(4격)
bisschen a. 소량의, 약간의
bitten t. 부탁하다, 청원하다
bleiben i. 머무르다, 체류하다
Blick m. 눈길, 시선
Blume f. 꽃
Bluse f. 블라우스
Boot m. 보트
brauchen t. 필요로 하다
Bruder m. 형, 형제
Brust f. 가슴, 흉부
Buch n. 책
Bus m. 버스

Bushaltestelle f. 버스정류장
Bär m. 곰

C

Chance f. 찬스, 좋은 기회
Charakter m. 특성, 성격
Chef m. 장, 우두머리, 주인
Chemie f. 화학
Chinesisch a. 중국(인 · 어)의
Christ m. 기독교인
circa adv. 약, 대략

D

damit adv. 그것과 함께
cj. ~하기 위해서
danken t. 감사하다(~대해 für)
dass cj. ~인 것(영: that)
Daumen m. 엄지손가락
denken i. 생각하다
denn cj. 왜냐하면
Depression f. 저하, 우울
deshalb adv. 그 때문에 그래서
deswegen adv. cj. 그 때문에
Deutsch n. 독일어
deutsch a. 독일(인 · 어)의
Dezember m. 12월
dick a. 두꺼운, 굵은
Dienstag m. 화요일
doch adv. cj. 그러나, 하지만
Doktor m. 박사
Dolmetscher m. 통역사
Donnerstag m. 목요일
doof a. 어리석은, 지루한
dort adv. 거기에
draußen adv. 밖에서, 외부에
drücken t. 누르다
du prn. 너, 그대(1격)
durch prp. ~을 통해, 때문에(4격)
Durst m. 목마름, 갈증
duschen (sich) 샤워하다
dürfen ~해도 좋다

E

eben a. 적당한 adv. 바로
echt a. 진정한 adv. 정말로, 진짜
Ecke f. 귀퉁이, 모퉁이
ehrlich a. 성실한, 충실한
eigentlich a. 원래의, 본래의
einfach a. 간단한, adv. 단지
Eingang m. 입구
einkaufen t. 구입하다
einladen t. 짐을 싣다, 초대하다
einschlafen i. 잠들다
einschärfen t. 엄하게 가르치다
einsteigen i. 승차하다
Eintritt m. 입장(료), 진입
Eis n. 얼음, 아이스크림
Eltern pl. 부모, 양친
Ende n. 끝, 종점
endlich a. 최후의 adv. 마침내
Englisch n. 영어
Enkel m. 손자
entscheiden (sich) 결정하다
Entscheidung f. 결정, 결심
entschuldigen (sich) 사과하다
Entschuldigung f. 사과, 용서
entwickeln t. 발전시키다
er prn. 그, 그 사람(1격)
erfahren t. 듣고 알다, 경험하다
Erfahrung f. 경험
erklären t. 설명하다, 해석하다
Erkaltung f. 감기
erleben t. 경험하다, 체험하다
ernsthaft a. 진지한, 진심의
erwachsen i. 자라다
a. 성장한, 어른이 된
es prn. 그것(1,4격)
Esel m. 당나귀
Essen n. 음식, 요리
essen t. 먹다
Euro m. 유로

F

Fabrik f. 공장
fahren i. 타고가다, 향하다
Fahrplan m. 차량 운행 시간표
Fahrrad n. 자전거
Familie f. 가족, 가정
Familienalbum n. 가족사진첩
Februar m. 2월
feiern i. 일을 쉬다 t. 축하하다
Fenster n. 창문
Ferien pl. 방학, 휴가
Fernbeziehung f. 장거리 연애관계
fernsehen i. 텔레비전을 보다
Fernseher m. 텔레비전
fertig a. 끝난, 완전한, 준비가 된
Fest n. 축제
Fieber n. 열
finden t. 찾아내다, 발견하다
Finger m. 손가락

Firma f. 회사
Fisch m. 물고기, 생선요리
Fleisch n. 육류
fleißig a. 부지런한, 근면한
fliegen i. 날다, 비행기로 가다
Flug m. 비행
Flugbegleiter m. 승무원
Flughafen m. 공항
Flugzeug n. 비행기
Foto n. 사진
Frage f. 질문, 문제
fragen t. 묻다, 질문하다
Französisch n. 프랑스
Frau f. 여성, 부인, 아내
frei a. 자유로운
Freitag m. 금요일
Freizeit f. 휴식시간, 여가, 휴식
frisch a. 상쾌한, 신선한, 시원한
Frühling m. 봄
Fuß m. 발
Fußball m. 축구, 축구공
für prp. ~을 위해, ~에게(4격)
fürchten (sich) 두려워하다(vor)

G

ganz a. 전체의, adv. 아주, 완전히
gar a. 준비가 되어 있는
adv. 아주, 몹시
Garten m. 정원, 뜰, 화원
Geburtstag m. 생일
gebären t. 낳다, 분만하다
gefallen i. ~의 맘에 들다
Das gefällt mir. 그것은 내 마음에 든다.
Gefühl n. 촉감, 느낌, 인상
gegen prp. ~에 대항해,
(시간) ~쯤에(4격)
gehen i. 걷다, 진행되다
gehören i. ~의 소유이다
gelb a. 노란색의
Geld n. 돈
Gemüse n. 야채
genauso adv. 똑같이
genug a. 충분한, adv. 충분히
Gepäck n. 수화물, 여행가방
Gepäckausgabe f. 수화물인도창구
geradeaus adv. 똑바로
Germanistik f. 독어독문학
gern adv. 기꺼이, 즐겨
geschehen i. 일어나다, 벌어지다
Geschwindigkeitsbegrenzung f. 속도 제한
Geschwister pl. 형제, 자매
Gespräch n. 대화, 협상
gestern adv. 어제
gesund a. 건강한, 튼튼한
Getränk n. 음료, 마실 것
Gitarre f. 기타
Glas n. 유리, 유리잔
gleich a. 같은, adv. 곧바로
Gleis n. 선로, 레일
glücklich a. 행복한
Glühwein m. 글뤼바인
Gott m. 신
groß a. 큰, 키가 큰, 높은
grün a. 녹색의, 초록의
gucken t. 바라보다
gut a. 좋은, 우수한, 훌륭한

H

Haar n. 머리카락, 털
haben t. 가지다, 소유하다
halb a. 절반의, 1/2
Hals m. 목
Hand f. 손
Handy n. 휴대전화
Hauptbahnhof m. 중앙역
Haus n. 집, 고향
Haustür f. 현관문
Heft n. 공책
heiraten I. t. 결혼하다(~와 jn)
heiter a. 밝은, 쾌활한, 명랑한
heißen t. 부르다, 명명하다
helfen i. ~를 돕다 (~에서 bei)
herausfinden t. 찾아내다, 이해하다
Herbst m. 가을
Herr m. 씨, 님, 신사
heute adv. 오늘
hier adv. 여기에
hinter prp. ~뒤에(3,4격)
hintereinander adv. 잇달아, 앞뒤로
hoch a. 높은, 비싼
Hochachtung f. 존경, 존중
Hochhaus n. 고층건물, 빌딩
hochschwanger a. 만삭의
Hochzeit f. 결혼식
hoffentlich adv. 바라건대
Honig m. 벌꿀
Hund m. 개
husten i. 기침하다
hängen i. 걸려있다 t. 걸다
hören i. t. 듣다
hübsch a. 귀여운, 예쁜

I

ich prn. 나, 저, 본인(1격)
ideal n. 이상, 모범
Idee f. 이념, 생각, 의견
Igel m. 고슴도치
ihr prn. 너희(1격)
immer adv. 항상, 늘
in prp. ~안에(3,4격)
Ingenieur m. 기사, 기술자
Insel f. 섬
Institut n. 연구소
intelligent a. 지적인, 총명한

J

Jahr n. 일년
Januar m. 1월
Japanisch n. 일본어
jetzt adv. 지금, 현재, 요즘
Journalist m. 신문기자
Juli m. 7월
jung a. 젊은, 어린
Juni m. 6월
Jura pl. 법학, 법률

K

Kaffee m. 커피
kaputt a. 고장난, 망가진
Karte f. 카드, 지도
Katze f. 고양이
kaufen i. 구입하다, 사다
Kaufhaus n. 백화점
kaum adv. 거의~않다, ~하자마자
kennen t. 알고 있다
kennenlernen t 알게 되다
Kilo n. 킬로(Kilogramm의 약자)
Kind n. 어린이, 유아
Kindergarten m. 유치원
Kino n. 영화관
Kirche f. 교회, 성당
Klavier n. 피아노
Kleid n. 원피스
klein a. 키가 작은, 소량의
klingeln i. 벨을 누르다, 울리다
Klo n. 화장실
Kneipe f. 술집, 주점
Koch m. 요리사
kochen t. 요리하다
Kollege m. 동료, 동업자
kommen i. 오다, 도착하다
Konferenz f. 회의, 상의
konservativ a. 보수적인
Kopf m. 머리, 두뇌
Kopfschmerz m. 두통
Koreanisch n. 한국어
kosten i. t. 돈이~들다, 값이~이다
krank a. 병든, 불쾌한, 앓는
Krankenhaus n. 병원
Kuchen m. 케이크
Kunst f. 예술, 미술
kurz a. 짧은
kämmen t. 빗질하다
Käse m. 치즈
können ~할 수 있다
Kühlschrank m. 냉장고
küssen t. 키스하다, 입맞추다

L

Lachen n. 웃음
langweilig a. 시두한
lassen t. 허용하다, 시키다
laufen i. 뛰다, 상영하다
Laune f. 기분
leben i. 살아있다, 살아가다
ledig a. 미혼의
legen t. 놓다, 두다, 눕히다
Lehrer m. 선생, 교사
Leid n. 슬픔
leider adv. 유감스럽게도
leihen t. 빌려주다, 빌리다
lernen t. 배우다
lesen t. 읽다
Leute pl. 사람들
liberal a. 자유로운, 개방적인
lieb a. 사랑스러운, 친밀한
Liebe f. 사랑, 애정
lieben t. 사랑하다, 좋아하다
liegen i 누워있다, 있다
links adv. 왼쪽에
losfahren i. 출발하다
Lust f. 욕망, 의향

M

machen t. 만들다, 생산하다
Mai m. 5월
Maler m. 화가
Mann m. 남자
Mannschaft f. 스포츠팀
Maschinenbau m. 기계공학
Maus f. 쥐, 생쥐
Meer n. 바다, 태양

Meinung f. 의견, 소견, 생각
meistens adv. 대부분
Mensa f. 학생식당
mit prp. ~함께, ~로써 (3격)
Mitarbeiter m. 동료, 직원
mitbekommen t, 이해하다
miteinander adv. 서로, 함께
mitkommen i. 함께 오다
mitnehmen t. 가지고 가다
Mittag m. 정오
Mittagessen n. 점심
Mittwoch m. 수요일
Moment m. 순간, 찰나
momentan adv. 현재, 지금
Montag m. 월요일
Morgen m. 아침
morgen adv. 내일
Mund m. 입, 구강
Museum n. 박물관
Musik f. 음악
Musiker m. 음악가
März m. 3월
mögen ~을 좋아하다, 일 수 있다
müde a. 피곤한, 지친
müssen ~해야만 한다(의무)

N

nach prp. ~을 향해, ~후에(3격)
nachdem cj. ~후에
Nachmittag m. 오후
Nacht f. 밤, 야간
natürlich a. 타고난, 당연한
adv. 자연적으로, 당연히
neben prp. ~옆에, 나란히
nebenbei adv. 나란히, 과외로
nehmen t. 잡다, 가져가다
nervös a. 신경질적인
nett a. 친절한
neu a. 새로운
Neuigkeit f. 새로운 사건, 뉴스
nicht adv. ~이 아니다, ~ 않다
nichts prn. 아무것도(영: nothing)
noch adv. 아직, 겨우
Note f. 음표, 점수
November m. 11월
nächst a. 가장 가까운, 다음의
nämlich cj. 즉, 요컨대

O

ob cj. ~인지 아닌지
Oberschule f. 고등학교
Obst n. 과일
obwohl cj. ~임에도 불구하고
oder cj. 또는, 혹은
Ofen m. 오븐, 난로
oft adv. 자주, 여러 번
ohne prp. ~없이(4격)
Ohr m. 귀, 청각
Oktober m. 8월
Opernsänger m. 오페라 가수
Oragensaft m. 오렌지 주스
original a. 원본의, 진짜의
Ost m. 동쪽

P

Paar n. 짝, 쌍 켤레
Palast m. 궁전, 궁궐
Park m. 공원, 주차장
parken t. i. 주차하다
Party f. 파티
passen i. (옷이)꼭 맞다, 어울리다
passieren i. 일어나다, 통과하다
perfekt a. 완벽한
persönlich a. 개인적인, 사적인
Pfütze f. 웅덩이
Philosophie f. 철학
Photo n. 사진
Physik f. 물리학
Platz m. 광장, 장소, 좌석
plaudern i. 수다를 떨다
plötzlich a. 돌연한, 갑작스러운
Po m. 엉덩이
Poesie f. 시, 문학
Politiker m. 정치가
positiv a. 긍정적인
Post f. 우체국, 우편
preiswert a. 적당한 값의, 저렴한
Problem n. 문제, 어려움
Professor m. 교수
Prüfung f. 시험

Q

Qualität f. 질, 품질
Quelle f. 샘, 우물
Quittung f. 영수증

R

rasieren t. 면도하다
Rathaus n. 시청
rauchen i. t. 흡연하다

Raum m. 방, 공간
Recht n. 권리, 법
rechts adv. 오른쪽에
Rede f. 이야기, 연설
reden i. t. 말하다
Regierungspartei f. 여당, 집권당
regnen i. 비가오다
reich a. 부유한, 풍부한
rein a. 순수한, 결백한
Reise f. 여행
reisen i. 여행하다
Respekt m. 존경, 존중, 경의
richtig a. 바른, 진짜의
Rindfleisch n. 쇠고기
Rollstuhl m. 휠체어
Roman m. 장편소설
romantisch a. 낭만적인
Rose f. 장미
rot a. 붉은, 빨간
Rucksack m. 배낭
Ruhe f. 고요, 휴식, 정적
Runde f. 한 바퀴, 라운드
Rücken m. 등
rühren t. 휘젓다

S

Sache f. 사물, 물품
Salat m. 샐러드
Samstag m. 토요일
satt a. 배부른, 포식한
sauer a. 신, 불쾌한, 싫은
schaffen t. 해내다
schicken t. 보내다
Schiff n. 배, 선박
Schild m. 표지판
schlafen i. 자다
schlecht a. 나쁜, 해로운
schlimm a. 아주 나쁜, 곤란한
schmecken i. ~한 맛이 나다
schminken i. t. 화장하다 (sich)
Schnaps m. 화주, 증류주
Schnupfen m. 코감기
Schrank m. 장롱
schreiben t. i. 쓰다, 적다
Schule f. 학교
schwanger a. 임신한
schwarz a. 검은, 어두운
schwer a. 무거운, 어려운
Schwester f. 누이, 자매
schwierig a. 어려운, 힘든
Schwierigkeit f. 난점, 어려움

schwitzen i. 땀이 나다
schön a. 아름다운, 예쁜
schüchtern a. 수줍어하는
sehr adv. 매우, 대단히
sein i. 이다, 있다, 존재하다
seit prp. ~이래, 이후(영: since)
Sekretär m. 비서, 서기
Seminar n. 세미나, 연습
September m. 10월
servieren i. t. 대접하다, 시중들다
setzen t. 앉히다, 두다
Sie prn. 당신(존칭)(1,4격)
sie prn. 그녀, 그들(1,4격)
singen i. 노래하다
Sofa n. 소파
sofort adv. 즉시, 곧바로
sollen ~해야 하다(당위)
Sommer m. 여름
Sonderangebot n. 할인품, 특매품
sondern cj. (~이 아니고) 오히려
Sonne f. 태양, 해
Sonntag m. 일요일
Sorge f. 걱정, 근심
sowieso adv. 어차피, 하여간
Spanisch n. 스페인어
spazieren i. 산책하다
Spaß m. 유머, 즐거움, 농담
Spiegel m. 거울
Spiel n. 놀이, 장난, 게임
spielen t. 놀이하다, 상연하다
sprachlos a. 기막힌, 어이없는
sprechen i. 말하다, 이야기하다
springen i. 뛰다, 도약하다
Sprudelwasser n. 탄산수
spät a. 늦은
später a. 더 늦은 adv. 후에
spülen t. 세척하다, 헹구다
Stadt f. 도시
stehen i. 서다, 서 있다
steigen i. 올리기다, 오르디
Stein m. 돌, 암석
sterben i. 죽다, 영면하다
stoppen t. 멈추게 하다
Straße f. 거리, 도로
Straßenbahn f. 시가 철도
streng a. 엄한, 혹독한
Student m. 대학생
Studentenwohnheim n. 대학기숙사
studieren t. (대학에서) 전공공부하다,
i. 대학에 다니다
Studium n. 대학공부

Stuhl m. 의자
ständig a. 고정된, 영구적인
stören t. 방해하다, 교란하다
suchen i. t. 찾다, 뒤지다
Sänger m. 가수

T

Tablette f. 알약
Tag m. 낮, 주간
tanzen i. 춤추다
Tasche f. 가방, 핸드백
Tasse f. 잔, 컵
tatsächlich a. 사실의, adv. 실제
Taxi n. 택시
Tee m. 차
telefonieren i. 통화하다(~와 mit)
Telefonnummer f. 전화번호
Telefonzelle f. 공중 전화 박스
Tennis n. 테니스
teuer a. 값비싼, 고가인
Theater n. 극장, 연극
Thema n. 테마, 주제
These f. 명제, 주장
Tisch m. 책상, 식탁
Tochter f. 딸
Toilette f. 화장실
toll a. 멋진, 훌륭한
Tor n. 문, 출입구, 대문
Trauzeuge m. 결혼 증인
treffen t. 명중하다, 만나다
trennen t. 나누다, 분할하다
Treppe f. 계단
trinken i. t. 마시다
trotzdem adv. 그럼에도 불구하고
träumen i. t. 꿈꾸다 (~을 von)
tun i. t. 하다
typisch a. 전형적인, 대표적인
Tänzer m. 춤추는 사람, 무용수
Tür f. 문, 입구

U

U-Bahn f. 지하철
(Untergrundbahn의 약자)
Uhr f. 시간, 시각, 시계
um prp. (장소) ~주위에,
(시간) 정확히 ~시에(4격)
und cj. 그리고
unerwartet a. 예기하지 않은
Unfall m. 사고, 재해
ungesund a. 건강에 해로운
Universität (Uni) f. 대학교
unter prp. ~아래, 밑에(3,4격)
unterhalten (sich) 대화하다
unternehmen t. 감행하다
Unterricht m. 수업
unterwegs adv. 도중에
ununterbrochen a. 끊임없는
unvergeßlich a. 잊을 수 없는
unzufrieden a. 만족치 못한
Urlaub m. 휴가

V

Vater m. 아버지, 부친
verabreden t. 약속하다
Verbot n. 금지, 금지령
verbringen t. 시간을 보내다
verdienen t. 돈을 벌다
vergessen t. 잊다
verkaufen t. 팔다, 판매하다
Verkäufer m. 점원, 판매인
verlassen t. 떠나다, 버리다
verlieben (sich) 사랑에 빠지다 (~와 in)
verlängern t. 연장하다
vermissen t. 그리워하다
verstehen t. 이해하다, 해석하다
versuchen t. 시도하다
verzeihen t. 용서하다
Verzeihung f. 용서
viel a. 많은 prn. 많은 것
vielleicht adv. 아마, 어쩌면
Viertel n. m. 1/4 a. 1/4의
Violine f. 바이올린
Vogel m. 새
Volk n. 민족, 국민
von prp. ~에서, ~에 대해(3격)
vor prp. ~전에, ~앞에(3,4격)
vorgestern adv. 그저께
vorhaben t. 계획하다
Vormittag m. 오전
vorschreiben t. 지시하다, 명하다
vorstellen t. 상상하다

W

Wagen m. 마차, 자동차
Wand f. 벽
wann adv. 언제
warten i. 기다리다 (~를 auf)
warum adv. 왜, 어째서
was prn. 무엇(1,4격)
waschen t. 씻다, 빨다, 빨래하다

Wasser n. 물
weder cj. ~도 ~도 아니다
weder~ noch ~도 ~도 아니다
weh a. 아픈
Weihnachten pl. 크리스마스
weihnachtlich a. 크리스마스의
Weihnachtsmarkt m. 크리스마스 시장
weil cj. ~ 때문에
Wein m. 포도주
weinen i. 울다 t. 눈물을 흘리다
Weise f. 방법
weiter adv. 계속하여
weiß a. 흰, 백색의
wenn cj. 만약 ~라면, ~때
wer prn. 누가, 어느 사람(1격)
werden i. ~가 되다
Wespe f. 말벌
West m. 서쪽
Wetter n. 날씨, 일기, 기상
WG f. 주거 공동체
(Wohngemeinschaft의 약자)
wichtig a. 중요한, 유력한
wie adv. 어떻게, 어떤 방법으로
wiederholen t. 되풀이하다
windig a. 바람이 부는, 바람이 센
Winter m. 겨울
Winterferien pl. 겨울방학
wir prn. 우리(1격)
wirklich a. 현실의, adv. 정말
wissen i. t. 알다, 터득하다
witzig a. 재치있는
wo adv. 어디, 어디에
Woche f. 주, 주간
Wochenende n. 주말
Schönes Wochenende! 즐거운 주말 보내세요!
wohnen i. 거주하다, 살다
Wohnung f. 주댁, 집
Wohnzimmer n. 거실
wollen ~하고자 하다, ~주장하다
Wurst f. 소시지
während prp. cj. ~동안, 반면
Würstchen n. 작은 소시지

Z

Zahn m. 이, 치아
Zahnschmerz m. 치통
Zeh m. 발가락
Zeit f. 시간, 시, 때, 시각
Zeitung f. 신문
zerstören t. 파괴하다, 분쇄하다
Zigarette f. 담배
Zimmer n. 방, 실내
Zoo m. 동물원
zu prp. ~향해(3격) adv. 너무
zuerst adv. 맨 먼저, 최초에
zufrieden a. 만족한 (~에 mit)
Zug m. 기차
zumachen t. 잠그다, 닫다
zurückkommen i. (되)돌아 오다
zusagen t. 허가하다, 동의하다
zusammen adv. 함께, 같이
zwischen prp. 사이에(3,4격)

ä

ändern t. 바꾸다, 변경하다
ärgerlich a. 화가 난, 짜증난

ö

Öl n. 기름
öffnen t. 열다, 개봉하다

ü

üben i. t. 연습하다, 훈련하다
über prp. ~위에 ~에 대해(3,4격)
überall adv. 어디에서나
überhaupt adv. 일반적으로, 대개
übermorgen adv. 모레
überraschen t. 깜짝 놀라게 하다
übersetzen t. 번역하다
übrigens adv. 그런데, 그건 그렇고